理解
·
现实
·
困惑

Ben Furman &
Lasten haasteet
taidoiksi

你的孩子

只需要
一个方法

克服日常挑战的
儿童技能教养法

Ben Furman

[芬] 本·富尔曼 著

[芬] 李红燕 译

中国纺织出版社有限公司

致　谢

感谢我的长期合作伙伴塔帕尼·阿赫拉（Tapani Ahola），我们在过去的四十年里一起开发了好几个焦点解决的应用项目；感谢特教老师西尔帕·伯恩（Sirpa Birn）和图伊亚·泰莱瓦（Tuija Terävä 2022）跟我一起合作开发了儿童技能教养法。此外，我还要感谢伊丽莎白·普勒（Elizabeth Puller）对我在英语写作中的帮助，以及泰勒和弗朗西斯出版社编辑格蕾丝·麦克唐纳（Grace McDonnell）的付出。

儿童技能教养法治愈了我

文 / 李红燕

自 2012 年春天有幸遇见本·富尔曼老师和他的儿童技能教养法（Kids' Skills），至今已经 12 年了。12 年来，我和我的伙伴们对儿童技能教养法的热爱有增无减，一直在乐此不疲地向家长和老师们传授儿童技能教养法，实在是因为这种方法太迷人了。因此，每当我听到"你们一直坚持在做这件事，太不容易了"这样的赞叹时，总是有几分遗憾地想："你们不知道传授儿童技能教养法是多么有趣又有回报的事啊。"

"好玩"才是好教育

"有趣""好玩"（playful）这样的词跟我们传统的育儿观和教育观几乎没有什么联系，却是儿童技能教养法中非常重要的元素之一，更是富尔曼老师经常挂在口中的一个词。他曾不止一次跟我提到他跟他的创业伙伴塔帕尼·阿赫拉先生的"座右铭"："好玩就一直做下去，不好玩就随时放弃。"每每看到如今已经年逾 70 岁还依然保持着轻松有趣的孩童状态的富尔曼老师，我都会想起他的这句话，不禁哑然，也越来越理解愉悦养育（Playful Parenting）的意义。

儿童技能教养法治愈了我的完美主义倾向。作为一个从小在中国长大、接受教育的"优秀生"和"乖乖女"，"害怕失败，不敢尝试"的心态一直是阻碍我踏出舒适区的最大障碍。我学习的第一项技能是"接受出错"的技能，意思是当我没有做到足够好或者出错了的时候，能够笑笑对自己说："没事儿！下次会更好！"不纠结工作和生活中出现的"失误"，让我能够积极面对生活，减少了很多内耗，放松却更有进取心和行动力了，而这并不只是我个人的感受。

十几年来在中国传授儿童技能教养法，我们收到无数动人的故事。几乎每一位参加儿童技能教养法学习的家长都反馈，技能教养法让他们摆脱了挥之不去的焦虑感，让欢声笑语重新回到了他们的家庭生活中。正像富尔曼老师说的："那些对着孩子大吼大叫甚至大打出手的人，心底是爱孩子的，他们只是因为没有好的方法而感到无助，变得焦虑。"儿童技能教养法为养育者提供了一个走进孩子内心世界的神奇妙法。把问题的出现看成是帮助孩子学习和成长的重要契机，不纠结问题的原因，而是邀请孩子一起思考为了应对挑战需要学习的新技能，让孩子成为这个过程的"主导者"，跟孩子一起发明一些好玩有趣的方法练习和掌握这项新技能，并调动社交网络的支持，孩子就能够满怀信心地克服一个又一个的问题了。

育儿焦虑的解药

近年来随着生活节奏加快，社会竞争急速加剧，人们的心理压力普遍增大，中国家长和教育工作者的焦虑感越来越强，以至于严重影响到孩子们的成长和心理健康。《2023 年度中国精神心理健康》蓝皮书指出，作为全社会的关注重点——学生群体，面临着学业、就业等压力的增大，心理健康问题日益突出，且呈低龄趋势。学生群体的抑郁检出率让每一位家长感到焦虑和无助，也让教育工作者感到挫败和无力。

富尔曼老师这本面向家长的新书出版恰逢其时。2021 年颁布的《家庭教育促进法》规定了家长和社会的责任，明确了"家庭是孩子的第一课堂，家长是孩子的第一任老师"的责任意识。我相信，每一位家长都深爱着自己的孩子，都渴望成为合格的家长陪伴孩子一起成长。然而做家长是需要学习的，尤其是在互联网和人工智能高速发展的今天。这本书凝结了富尔曼老师作为精神科医生和儿童技能教养法创始人几十年来的经验和智慧，为家长和教育工作者提供了积极养育的一系列基本原则以及可操作的方法。相比于此前的两本介绍儿童技能教养法的书籍，这本书的内容更加丰富，也更适合家长阅读和理解。

富尔曼老师是一位享誉国际的焦点解决治疗培训师，是一位不走寻常路的精神科医生。"将高大上的心理学服务于普通大众"是富尔曼老师毕生的愿望。他说："帮助孩子解决各种问题和困扰是我在几十年职业生涯中最大的热情所在。"儿童技能教养法就是他奉献给这个世界所有爱孩子的家长和教育工作者最宝贵的礼物。这种充满合作、有趣和快乐的养育之道，能够让你不仅在生活顺遂、孩子乖巧的时候享受跟他们在一起，在遭遇挑战、孩子有问题或者不听话的时候也能享受养育孩子的每一刻。很多学习者说，儿童技能教养法是对抗当今育儿焦虑最有效的"解药"，我深以为然。

十几年来与富尔曼老师亦师亦友的关系，让我有更多的机会走进他的生活，也颠覆了我对"大师"的刻板印象。生活中的富尔曼永远像一个精力旺盛的少年，对生活满怀热情，有着各种奇思妙想，也有很多的兴趣爱好，他酷爱骑摩托车、滑雪、快艇冲浪、做视频、做手工……我在芬兰的邻居英爱女士多年前曾经上过富尔曼老师的课，得知我正在跟这位芬兰名人共事的时候，笑着说："他太有趣了！他还穿着那双大布鞋吗？"还真是如此，富尔曼老师来中国讲课的时候背包里总是装着一双格子布面的大布鞋。他说，踩着这双鞋让他感觉自在。是的，他的自在谦和、朴实低调，他的纯粹真诚、诙谐幽默，让每个靠近他的人都感到放松和自在。12 年来，我们跟随富尔曼老师一起在中国做过几十场大大小小的工作坊，每次都有新收获。"大道至简"是富尔曼老师传授儿童技能教养法时留给所有人的印象。他的智慧、慈悲和奇思妙想，那种放松和好玩的感觉深深地影响着每一位学员："天空飘来六个字，那都不是事儿。"能够把他的这些智慧传授给更多的中国家长、老师和教练是我此生莫大的荣幸。

没有问题，只需要技能

我在网上看过一个关于坚毅（grit）的 TED 演讲，演讲者是安杰拉·李·达克沃斯（Angela Lee Duckworth）。她和她的团队花了大量的时间研究在各种挑战环境下的孩子和成年人，预测和观察哪些人获得了成功，并研究他们为什么能够成功。他们的研究发现，只有一种品质可以在最大程度上预示一个人的成功，那就是"坚毅"。坚毅的品质是指对长远目标的激情和坚持；是日复一日，年复一年，对目标的坚守和努力，直到梦想变为现实。坚毅的人会把生活当成一场马拉松，而不是百米冲刺。然而，如何培养孩子坚毅的品格呢？答案是成长型思维，它是有助于培养孩子坚毅品格的有效办法。因为拥有成长型思维的人相信，人的学习能力不是一成不变的，是可以通过努力得到提升的。看到这个演讲后我立刻想到的是，用儿童技能教养法帮助孩子学会一个又一个技能的过程，就是在用好玩又有趣的方式帮助你自己和孩子一起养成成长型思维。

我想起前几年一位家长给我发来的私信，分享她和女儿生活中出现的有趣一幕。她的女儿那时已经是 5 年级的小学生了。一天晚上，妈妈正在为工作的事情上火，一边忙碌一边抱怨。在一旁写作业的女儿不紧不慢地说："妈妈，你可以学项技能呀。"我和这位妈妈不约而同地感叹道，技能思维也许就是孩子的"出厂设置"啊。这个女孩 6 岁刚上学的时候有幸遇到了班主任老师带着孩子们参加儿童技能教养法项目，从此在心里种下了技能思维的种子——"没有问题，只有需要学习的技能"。这也是我特别喜欢这种方法的原因，儿童技能教养法不仅对孩子大有好处，对家长和老师也大有益处。学习了儿童技能教养法的成年人不仅能够更好地引导孩子的学习过程，还能得到孩子的真心热爱，享受养育孩子带给自己的回报，并跟孩子一起愉悦地成长。

儿童技能教养法改变了我的思维方式，也丰富了我的生命。感恩遇到富尔曼老师，也非常感谢这么多年一起传播儿童技能教养法的朋友们！把儿童技能教养法的思维方式和育儿方法传授给每一位爱孩子的家长和老师，让养育孩子成为一场温暖的修行是我最大的愿望。希望借助这本书的出版，结识更多喜爱儿童技能教养法、热爱孩子的朋友，让儿童技能教养法为更多的中国家庭带来快乐和幸福。

你只需要一个好方法

文 / 本·富尔曼

图伊亚·泰莱瓦（Tuija Terävä）和西尔帕·伯恩（Sirpa Birn）是芬兰一所幼儿园的两位特教老师。20世纪90年代末的一天，她们找到我，问我是否愿意定期与她们会面，帮助她们找到更有效的帮助孩子以及他们家庭的方法。

这两位老师当时正看护着8个五六岁的孩子，这些孩子有各种各样的情绪或行为问题。她们找到我是因为在电视上看到了我主持的节目，知道我对焦点解决心理学（Solution-focused psychology）充满热情，并了解到这是一种新的、令人兴奋的方法，可以帮助人们克服任何类型的心理问题。

我感到很荣幸，欣然接受了她们的请求。之后的几年里，我们一直定期会面，针对各种问题商讨解决方案。偶尔，我也会去幼儿园看望孩子们，并与孩子们的家长见面。我们决定尝试制定出一套方法或者实用的操作指南，不仅可以适用于这所幼儿园，也适用于其他幼儿园甚至学校的老师，用来帮助孩子克服各种问题和挑战。我们的愿望是，开发出一种让孩子和他们的父母都觉得有吸引力的方法。

把问题转化为技能

大约一年后，我们确定了**"把问题转化为技能"**这个基于焦点解决心理学的根本点。**我们不谈论问题，只谈论孩子需要学习的技能**。这样一个简单的理念带来了重大的改变。家长们不再感到被责备，表现出更强烈的合作意愿。孩子们呢，也变得更有动力去做出改变。他们都喜欢"学习技能"这个提法！

将重点从分析问题转向学习技能后，我们开始收集各种能够让孩子的技能学习变得有趣的点子。我们发现了许多孩子喜欢的点子。比如，我们让孩子为正在学习的技能起名字——他们非常喜欢这个点子；我们让孩子选一种能帮助他们学习技能的"魔法宝贝"——他们也很喜欢这个点子。我们还发明了一个点子，当孩子学会他们的技能时，我们会一起庆祝——他们爱死这个点子了！最后，我们收集了一系列令人印象深刻的好点子，让技能学习变得有趣，孩子们乐于学习。图伊亚和西尔帕两位老师对这种新的工作方式感到兴奋，她们鼓励我写一本介绍这种方法的书籍。

儿童技能教养法的第一本书是芬兰语版的，于 2003 年在芬兰出版。几乎在同一时间，这种方法先是引起了我们的邻国——其他北欧国家的关注，很快也吸引了其他许多国家的兴趣。我的这本关于儿童技能教养法的书被迅速翻译成多种语言，我本人也被邀请到世界各地的许多国家，教授如何用儿童技能教养法帮助孩子们克服问题。

儿童技能教养法在中国

在我的第一本儿童技能教养法的书籍出版将近十年的时候，一位来自中国的电信工程师李红燕女士在芬兰找到了我。她在芬兰生活和工作了多年，彼时刚刚在中国辞去了一家芬兰跨国电信公司的工作，正在学习教练技术。李红燕女士认为，教练技术不仅是支持管理者完成富有挑战性工作的一种方式，而且是一种革命性的思维方式。如果学校和家长都能广泛采用这种思维方式，将对教育领域大有裨益。当她开始四处寻找将教练原则用于辅导儿童和家庭的方法时，偶然发现了儿童技能教养法。这种方法诞生于芬兰——她多年居住的国家，她在芬兰养大了自己的女儿，非常熟悉并欣赏芬兰的教育体系，一直希望能把芬兰教育中最好的东西带给中国的家长和学校。遇见儿童技能教养法，李红燕女士觉得自己找到了那个她一直在寻找的东西，并决定尽自己所能在自己的祖国传播这种方法，让更多的家长、老师和孩子受益。

　　她联系了一些教练朋友，跟一群志同道合的朋友组成了在中国传播儿童技能教养法的团队。在仅仅 10 年的时间里——尽管遇到了很多困难——她和她的团队成功地完成了看似不可能的事情。他们满怀热情地不懈地在中国传播儿童技能教养法的理念，培训了数千人使用这种方法，并组织了一个全国性的儿童技能教养法的专家网络，支持他们在全国各地传授这种方法。

　　2013 年春天，我第一次受邀来到中国传授儿童技能教养法。对我来说，这是一个激动人心的机会，我可以向中国家长、老师和教练传授儿童技能教养法，并学习丰富的中国文化。从那时起至今，我已经到访中国 15 次，在那里举办了各种儿童技能教养法的工作坊或讲座。过去的几年里，我为中国学员举办的工作坊都是在线上完成的，我希望可以再次到访你们美丽的国家。

　　对我来说，每次到中国授课都是一场美丽的邂逅。中国的家长、老师和教练们的奉献精神给我留下了深刻的印象。对中国家长来说，孩子意味着整个世界，他们愿意尽其所有确保孩子在生活中取得成功。中国的教育工作者也是如此。当前，一些西方国家的很多教师正在放弃——许多人甚至决定离开这个行业——但在中国，我看到无数敬业的教师愿意付出额外的努力，以确保他们的学生不仅能够顺利地完成学业，而且能掌握在生活中获得成功的工具。

　　儿童技能教养法的中国团队正在逐渐壮大，一大群儿童技能教养法认证教练正努力在中国的幼儿园、学校和当地社区传播儿童技能教养法的专业知识，全国有几百名甚至上千名的老师在他们的班级里用儿童技能教养法培养孩子们的成长型思维，有数以万计的父母和祖父母愿意以柔性和尊重的方式来抚养他们的孩子。

中国人对儿童——他们的下一代——福祉的奉献精神，不知道是否与中国的传统哲学有关？当我仔细阅读老子的著作时，我注意到他的许多智慧与儿童技能教养法的理念不谋而合。也许是我自己一直深受中国古老智慧的影响而不自知？我想起多年前听到的一个流传在中国的古老故事，据说是老子和孔子关于"道和礼"的对话。

老子张开嘴问孔子："我的牙齿还在吗？"

孔子如实回答："不在了。"

老子又问："我的舌头还在吗？"

孔子回答："还在。"

老子说道："坚强者死之徒，柔弱者生之徒。牙齿是坚硬的，所以它老早就掉了；舌头是柔软的，所以它至今还在。"

儿童技能教养法也是基于同样的假定。我们认为，强硬的方法有时会收获短期利益，但要实现长期利益，使用更温和、促进合作的方法会有更大的成功概率。

今天，养育孩子比以往任何时候都更加充满挑战。孩子们的生活充斥着手机和电子游戏的诱惑。除了学习保证充足的睡眠、健康的饮食、得体的言谈举止以及管理家庭作业等基本技能外，当代儿童还需要学习一系列我们过去从来不需要担心，但对他们未来的福祉和成功至关重要的新技能。这些新技能包括管理每天的屏幕时间，学会在互联网上区分事实和谎言，以及学会应对现代生活中不可逃避的焦虑和抑郁等强烈情绪。

我以前写过的几本关于儿童技能教养法的书籍主要的受众是教育工作者和专业教练人员，但这本不一样。这本书的受众主要是父母和祖父母，以及所有参与养育孩子的家庭成员。我希望尽可能多的人熟悉这种技能思维，学会在生活中运用技能教养法。我希望世界各地的家长们都能意识到，养育孩子可以是一种有趣而富有回报的体验，可以用一种快乐和充满创意的方式来完成，而不必是一场艰苦的斗争。

CONTENTS
目 录

第**1**章

石头上的寓言诗

这本书的目的是助你了解一种养育孩子的方法，我把它称为"儿童技能教养法"，或简称为"技能教养法"。这是一种创造性的、令人愉快的养育法，它帮助孩子在遇到困扰的时候通过学习新技能来克服挑战，进而滋养孩子的生命。技能教养法的那些点子都是简单易懂、容易掌握的。如果你发现这种方法与你自己的想法和价值观是匹配的，在读完这本书的时候，就可以立刻把这些点子用到你自己的孩子或你所关心的孩子身上了。

在我向你们详细阐述我所说的技能教养法的含义以及如何与你的孩子一起使用这一方法之前，我想先给你们讲一个故事，作为对本书中所要描述的方法的一个引子。如果你对这类寓言故事不感兴趣，可以跳过这一部分，直接从第 2 章开始阅读。

石头上的寓言诗

很久以前，在一个遥远的村庄里发生了一些奇怪的事情。村里的孩子们突然开始出现各种各样的神秘问题。有些孩子突然变得很害羞，见到人就说不出话来；一些孩子变得非常易怒，会毫无理由地出手打人；有些孩子开始对一些根本不值得害怕的事情感到恐惧；还有一些孩子养成了某种特殊的难以改变的坏习惯，比如拔毛发或吮吸手指，尽管家长们费了很多劲儿想要帮助他们，可他们还是无法摆脱这些坏习惯。

村里的老人被召集起来，讨论这种状况。一位长者说："我们必须找到出现这些棘手问题的原因……"这番言论引发了一场旷日持久的讨论。很快，整个村庄都在狂热地议论是什么导致了孩子们的问题。

起初，村民们怀疑孩子们出现问题是因为村子里的水源被污染了。因此，人们开始从邻近的村庄一路将水运到本村供孩子们饮用。可是，没有用。接下来，他们怀疑这些孩子从婴幼儿时期就一直受到某种惊吓，从而引发了对某些事情的恐惧。基于这一猜测，村民们开始竭尽全力地保护孩子们以免受到任何惊吓。但事实证明，这件事"说起来容易，做起来难"，因为在那时候的生活环境随处都可能遇到危险，要保护孩子们完全不受惊吓几乎是不可能的。于是有人指出，孩子们的诸多问题都是家长的无能造成的。他们认为，由于某种未知的原因，家长们失去了抚养孩子的能力。基于这一理念，家长们被要求参加亲子课程，课程由村里的长者们开办，教导家长们如何正确抚养孩子。这一做法也很快被证明是令人失望的。那些教导家长的长者对如何正确地养育孩子的理解有很多分歧，他们的教导只是让村民们感到更加困惑。

那么，到底是什么导致了孩子们的问题呢？村民们不断地提出新的解释，但这个问题却始终没有得到解决。许多村民甚至开始怀疑，是不是那些已经找到的各种解释反倒使状况变得更糟糕了？因为这些解释让村子里的家长们开始为孩子们的问题感到自责，如此助长了他们的悲伤和绝望。

在花了很长时间思考孩子们的问题后，村民们的情绪变得非常低落。这时候，一位长者提出："我觉得，关于如何解决眼前的困境，我们已经尽了最大的努力，但还是没有找到好的解决方案。现在，是时候去请教智者巫师了，让她为我们出个主意吧。"

于是，村里选派了 3 位长者步行出发前去拜见巫师。他们走了很远的路，来到巫师居住的小镇。

"你们村里的人已经很久没有来找我出主意了。"巫师说，"告诉我，这次你们是为什么而来的呢？"

长者们向巫师描述了他们的困境，并向她讲述了村民们为解决孩子们的神秘问题而想出的各种解释。听完长者们的描述，巫师低下头，闭上眼睛，睡着了一般。过了一会儿，她睁开眼睛，说道：

"自从宇宙初开时，问题烦恼未曾离。

溯源追因终成谜，抱怨羞愧皆无益。

如若执迷解问题，走投无路陷僵局。

欲引孩童返正途，寻得技能破迷思。"

三位长者回到村庄后，找到村里的石匠，请他把巫师的寓言诗凿到村子中央的一块大石头上。然后，长者们在石头周围坐下，试图破译巫师送给他们的这首寓言诗。

仔细琢磨了一段时间后，长者们召集村民，告诉他们：

"巫师是在用这首寓言诗告诉我们，需要停止寻找对出现问题的解释，要把重点放到寻找技能上，看看孩子需要学习什么技能才能克服他们的问题。"

听到这个消息，村民们无不感到振奋。他们明白，必须停止自我责备和相互指责了。从现在起，不需要再费时费力去追究和争论孩子产生问题的原因，每个人都应该把精力放到帮助孩子培养克服困难所需要的技能上。

回到家里后，村民们高兴地告诉自己的孩子，从现在起，他们将开始学习某种技能以克服当前的问题。孩子们听到这个消息也很高兴，因为他们已经烦透了家长们一天到晚地谈论他们的问题，没完没了地分析问题原因的做法。

村民们立刻积极行动起来。很快，每个孩子都找到了一个可以帮助他们克服问题的技能。起初，事情进展还算顺利，但不久就出现了一个新问题。"我们成功地跟孩子们达成了学习技能的约定，"村民们向长者们抱怨道，"但是还没有学多长时间，孩子们就失去了兴趣，我们不知道怎么才能让他们愿意为学习技能付出努力。怎么能让他们真的掌握这些技能呢？"他们问道。

长者们再次坐下来思考村民们的棘手问题，但无论如何苦思冥想，都找不到答案。最后，他们决定让三位长者再次出发去拜访智者巫师，向她请教。

"这次又是什么风把你们吹到我这里来的？"巫师在他们到达时问道。

长者们说："上次来向您讨教的时候，您建议我们放弃查找原因的徒劳做法，专注于寻找帮助孩子解决问题所需要学习的技能。我们确实这么做了，可现在又陷入了困境，遇到了新的挑战。我们不知道怎么才能让孩子们一步一步地付出努力，真正掌握这些技能。"

巫师专心地听着长者们的诉说。她低下头，闭上眼睛，睡着了一般。当她再次睁开眼睛看着他们的时候，一字一句地说道：

"欲求习得一技艺，须知所得心不疑，

好处清单长又长，无尽回旋曲悠扬。

技能命名有玄机，快乐游戏暗藏技，

魔法宝贝想象力，陪伴学习终不弃。

技能或难亦或易，伙伴加持莫忘记，

一波三折平常事，莫因挫败失勇气。

团队须臾不可离，技能傍身不远矣，

温情提醒日日新，他日冠冕当谢师。

日月流转岁月逝，技能长存有秘籍，

慷慨传授不吝惜，技强艺多皆欢喜。"

三位长者记住了巫师的话，踏上了返乡之路。一回到村庄，他们就让石匠把巫师的那些话凿到村子中央的那块石头上。长者们又一次聚集在一起琢磨巫师送给他们的这些话。很快，他们宣布了他们的发现：

"巫师的寓言诗就是她给我们的全部答案，为我们提供了激励孩子学习技能的指导原则。让我们按照她的教导去做吧，困境也许很快就会过去。"

当村民们遵循着巫师寓言诗中的指示指导孩子们的时候，他们发现孩子们学习技能的积极性大为提高，对学习新技能充满热情。随着一个个技能的学成掌握，孩子们也一一克服了自己的问题。后来，每当孩子们遇到新的挑战，他们也都能用这首寓言诗里的智慧成功地克服这些挑战。村民们都松了一口气，困境终于被破解。

第 2 章

什么是"技能教养法"

技能教养法的核心理念是：孩子没有问题，只是尚未学会某些技能。

> 孩子没有问题，
>
> 只是尚未学会某些技能。

技能教养法是 20 世纪 90 年代在芬兰赫尔辛基的一所幼儿园里诞生的。该幼儿园里有一个小小的特教班，专门照看有特殊需要的儿童，当时由两位特教教师西尔帕·伯恩和图伊亚·泰莱瓦负责，而我有幸受邀作为外聘督导与他们一起合作了很多年。从合作伊始，我们就决定一起开发出一种广泛适用的方法，帮助孩子克服情绪和行为问题的挑战。我们希望能够创建出一种孩子和家长都喜欢的简单的分步法。该方法的开发过程受到了焦点解决心理学 ①——一种心理治疗方式（也是我一直在教授的方法）——的启发，也受到老师们所熟悉的各种特殊教育方法的影响。一点一点地，经过反

————————
① 焦点解决心理学的详细介绍详见章末专栏。

复尝试，最终形成了一种由 15 个步骤组成、非常有实操性的方法，我们称它为儿童技能教养法。当时我们并不知道这一方法会在短短几年里引发如此广泛的国际关注。今天，全世界有许多国家和地区的专业人士都在使用这一方法。儿童技能教养法的书籍也已经被翻译成 20 多种语言在世界各地出版发行。

我们开发儿童技能教养法的最初想法是想为教师和那些跟孩子们打交道的人士提供一套有效的工具。但由于该方法十分安全简单，且容易学习和掌握，父母、祖父母以及所有参与养育孩子的人均可以使用。该方法诞生于一组五六岁的儿童身上，但很我们发现，将同样的步骤和原则实施在年龄较大的孩子身上也同样有效。事实上，这一方法的使用与年龄无关，稍加调整，即可适用于所有年龄段的人。

技能思维（Skills Thinking）是儿童技能教养法的支柱。它的核心理念是，无论孩子遇到什么样的挑战或困难，你都不需要过度关注这些挑战和困难；相反，你需要关注的是，**孩子需要学习什么技能才能克服这些困难**。当我们试图与孩子谈论他们的问题或困难时，孩子通常都会感到不安或不舒服。但是他们非常享受谈论技能，不仅喜欢谈论他们已经掌握的技能，而且也喜欢谈论那些掌握之后会为自己带来好处的新技能。

技能思维呼吁人们从不同的角度看待孩子。它要求我们超越问题，找出孩子克服问题需要具备的技能。然而，要做到这一点，即"找出孩子需要提升的技能"，实在是"说起来容易，做起来难"。这本书的目的就是要帮你发现，**如何将日常的小问题，甚至更严重的问题转化为孩子可以学习的技能，以及如何支持孩子练习和掌握这些技能。**

让我们从一位参加过儿童技能教养法培训项目的女士所讲述的故事开始吧。这位女士在她寄来的这份报告——作为培训结业的一部分——里讲述了自己是如何使用这种方法帮助一个 6 岁的女孩战胜挑战的。我认为这个故事是人们在生活中成功运用技能教养法的诸多迷人的案例之一。

6 岁女孩茉莉

6 岁的茉莉有好几个问题，或者说有好几个挑战。她在穿衣、上厕所和睡觉方面都遇到了挑战。每天早上起床穿衣的时候，她都拒绝穿妈妈为她挑选的衣服。除了那几件旧衣服，她觉得所有的衣服都不舒服。她讨厌所有的冬装、防雨服、手套和帽子。晚上睡觉这件事也很困难，只要爸妈不睡觉，茉莉就决不肯上床睡觉，这让他们家几乎每晚都要上演一场激烈的斗争。还有一个挑战是，茉莉拒绝排便后自己擦屁股，总是要大人来帮助她。白天上幼儿园的时候她会一整天憋着不去厕所，结果晚上经常闹肚子疼。

茉莉的教母艾玛接受了技能教养法的培训，主动提出帮助茉莉忧心忡忡的父母。他们找了一个机会一起坐下来进行了一次交谈。交谈开始时，艾玛先是引导大家谈论茉莉已经掌握并擅长的各种技能。例如，虽然还没有上学，茉莉已经学会阅读和写字（茉莉所在国家的儿童法定入学年龄是 7 岁）。她还会游泳和骑自行车。听到大家都在谈论她的这些技能，茉莉显得很骄傲。

很快，谈话的主题就从茉莉已经拥有的技能转换到了接下来她需要学习的重要技能。茉莉父母的愿望清单上有三项技能。就像你可能已经猜到的那样，它们是"穿衣技能""睡觉技能"和"上厕所技能"。大人们谈论了这三项技能的各种好处，艾玛随口建议道，如果茉莉愿意，可以在茉莉学会了其中一项技能的时候为她安排一次庆祝活动。茉莉很开心地从这三个选项中首先选择了"上厕所技能"来学习，她把这项技能叫作"擦擦技能"。

"你自己学会擦屁股有什么好处呢？"艾玛问道。茉莉不知道怎么回答，但她坦白道，她总是担心自己的手会被粪便玷污。这至少部分地解释了为什么茉莉不那么愿意自己擦屁股。她的父母向她解释，"擦擦技能"很重要，因为要是茉莉学会了这项技能，就可以自己在幼儿园上厕所，晚上也不会肚子疼了；她就不需要坐在马桶上等待别人来帮助她了；特别是，她明年就要上学了，学会这项技能就可以做到自理了。茉莉专心地听着爸妈的这些话，若有所思。然后大家一致同意，茉莉的爸爸妈妈可以在家里帮助茉莉开始练习这项技能。妈妈答应会在茉莉上厕所的时候守在她的旁边，指导她自己擦屁股，并且教给她在不小心弄脏了手的时候如何清洗。茉莉提议，最开始的时候她只擦一下，剩下的需要妈妈帮忙擦。

艾玛问茉莉："有没有什么魔法宝贝可以支持你学习'擦擦技能'呢？你能想到什么小动物可以做你的魔法宝贝支持你呢？"茉莉说，她希望让"超级毛球"（Super Furball，一只聪明的动画豚鼠）做她的魔法宝贝来帮助她。前段时间，她"不得不去"防疫站接种疫苗的时候，"超级毛球"曾帮助过她。茉莉想在卫生间里贴一张"超级毛球"的照片，来提醒她要学习的这项技能。

艾玛又提起了庆祝会，她说："如果你想要的话，我们可以在你学会了'擦擦技能'后，一起烤蛋糕，开个庆祝会，怎么样？"茉莉很喜欢这个点子，然后他们开始讨论邀请谁来参加这个庆祝会，以及烤一个什么样的蛋糕来庆祝。

一周后，当艾玛给茉莉的妈妈打电话时，发现茉莉的技能练习进展得很顺利。最初的几天里茉莉都是在妈妈的指导下擦屁股的，但她很快就能自己独立完成了。每次茉莉独自完成这件事的时候，妈妈都会给她一张"超级毛球"的贴纸，贴在她的小本子上。茉莉的爸妈与她约定，等她集满 10 张贴纸的时候，就可以给她举办庆祝会了。茉莉的进步很大，她允许妈妈把她学习"擦擦技能"的事告诉幼儿园的老师。这样，幼儿园的老师就可以在幼儿园里支持她练习这项技能了。

不过，中间也出现过一些小波折。有一天，坐在马桶上的茉莉突然喊起了妈妈，请她过来帮她擦屁股。那时候的茉莉都已经收集了 6 张"超级毛球"的贴纸了。

"你为什么叫我帮你？是忘记了你的技能吗？"妈妈问道。

"不，我没有忘。"茉莉说，"我会擦屁股。我在幼儿园里都是自己擦的呢。"

"好吧，你让我看看你能做得多好！"妈妈说。

茉莉拒绝向妈妈展示她的技能，她抱怨说这次的大便太稀了，她就是不想擦。

"没关系，宝贝。"妈妈说道，"不然我们这样吧，你只擦一下，我来擦剩下的部分。"茉莉同意了妈妈的建议，不过，最后她还是自己擦干净了屁股。妈妈在她的小本上贴了一张"超级毛球"的贴纸。那天晚些时候，他们一起给艾玛打了一个电话，告诉了她白天发生的事。

当小本本上有了 10 张贴纸的时候，茉莉和妈妈一起设计了一张邀请卡，请艾玛来参加庆祝会。聚会非常愉快，他们准备了好吃的蛋糕和其他一些美食。在给每个人分享过蛋糕后，艾玛建议茉莉从纸板上剪出心形卡片，送给那些帮助过和支持过她的人。茉莉剪下了几颗"小心心"，分别送给了她的爸爸妈妈、艾玛和幼儿园的老师。

艾玛问茉莉："你现在已经熟练掌握了'擦擦技能'，接下来想要学习什么技能呢？"

"我的下一项技能是'模特技能'。"茉莉回答道。

"'模特技能'？这是什么技能？"艾玛很好奇。

原来，茉莉一直在和爸妈玩一个"模特游戏"。玩游戏的时候，茉莉会扮演模特，穿上各种服装展示给父母看，同时还要学着习惯穿不同的衣服。

* * *

艾玛与茉莉父母合作帮助茉莉克服她的一个挑战的做法，诠释了技能教养法的核心：不谈论问题，而是聚焦在孩子需要学习的技能上；让孩子积极参与过程中的每一步；动员孩子生命中所有的重要他人，一起支持和帮助孩子掌握技能。

焦点解决心理学

20 世纪 80 年代，在我专攻精神病学时，芬兰几乎所有的精神病学和儿童精神病学的教授信奉的都是精神分析。它是 19 世纪末 20 世纪初由奥地利神经学家和精神病学家西格蒙德·弗洛伊德创立的心理治疗学派，其支持者认为所有心理健康问题的根源都可以追溯到一个人的童年经历。代表精神分析的精神病学家和儿童精神病学家建议对包括儿童在内的几乎所有患者进行密集的个体心理治疗。当时，我的大多数专攻精神病学的同行都选择成为精神分析学家。但我们中的一些人对精神分析理论感到失望，迫切希望找到更有效的方法来帮助我们的来访者。

我开始对家庭治疗学派产生兴趣，尤其感兴趣的是其中的焦点解决短期治疗的方法。焦点解决短期治疗出现在家庭治疗运动中的时候，还是一个"新生事物"。它与当时流行的精神分析和其他治疗方式相反，焦点解决治疗对话不关注问题，也不试图理解可能产生问题的原因，而是关注来访者的目标，关注他们想要的未来是什么样的，以及治疗师如何通过赋能的好问题，帮助他们找到适合他们的方法向前推进。"解决问题的方案就在客户手中，他们只是不知道自己知道"是焦点解决心理学的哲学前提之一。

本书介绍的技能教养法基于焦点解决心理学原理。我们的目的不是详细阐述产生问题的原因和背景，而是要探索和发现帮助儿童在生命中重要他人的支持下继续前行的方法。

第3章

如何把挑战变成可以学习的技能

技能教养法——或通过学习技能帮助孩子克服挑战的方法——有一些显著的好处。

首先，"技能"这一概念传递出的是希望，它与"学习"相关联，而"学习"则是另一个让人产生希望的词。当我们把关注点放在"技能"和"学习"上的时候，就会奇迹般地营造出一种有希望发生改变的氛围。

其次，技能思维可以促进与孩子的合作。当你与孩子谈论他们已经学到的技能以及学会后可以受益的新技能，而不是谈论他们的问题或挑战时，孩子会更愿意与你合作。

最后，技能教养法使你更容易与其他参与养育孩子的成年人一起合作。如果你跟他们的对话中关注的是孩子的问题和困难，人们多半会告诉你，他们认为是什么导致了孩子的问题，而这种猜测往往没有任何帮助，反而会让人感到绝望而不是希望。技能教养法可以帮助你走出这个陷阱。当你把重点放在孩子需要学习的技能上时，就会更容易得到其他养育者的支持，他们会跟你一起帮助孩子学习他或她需要学习的任何技能。

把挑战变成技能，说起来容易做起来难

技能思维首先需要把孩子的问题转化为孩子可以学习的技能。这一点"说起来容易，做起来难"。这个想法虽然很简单，但在现实生活中想要弄清楚孩子需要学习什么技能来克服他或她的问题，并不总是那么容易。

经常有人跟我说，技能思维的想法很好，但把它付诸实践比想象中要困难得多。"我非常清楚孩子有什么问题，"一位老师曾经对我说，"但我发现很难确定孩子需要掌握什么技能才能克服这个问题。"

"将挑战转化为可学习的技能"需要创造性思维，我有时也会把它称为养育者需要学习的一个重要技能。我们的假定是，无论孩子遇到的问题或面临的挑战是什么，都一定能找到一种相应的技能。孩子一旦掌握了这种技能，问题就会消失，或者至少会变得不那么严重。

我有一位德国的心理学家朋友和我一样，也教授焦点解决治疗和教练技术。他曾经对我说："我们的学员都非常喜欢技能教养法，

但他们经常觉得很难确定孩子应该学习什么技能来克服某个特定的问题。你应该整理一本技能教养法的字典，这样人们就可以根据孩子所遇到的常见问题，去查找所需要学习的相应的技能了。"

"我明白你在说什么，"我反驳道："但这是不可能的。你是不能从孩子的问题入手，直接画一条线指向孩子克服问题需要学习的技能的。要想知道孩子需要学习的相关技能是什么，我们需要与孩子进行对话。或许，还需要与其他参与照顾孩子的成年人进行对话。"

"是的，是的，我知道，"我的同行耸耸肩说，"但无论如何，人们需要一些指导，才能学会如何将问题转化为相应的可以学习的技能。"

遵循这位同行的建议，我整理了如下一些关于"将问题转换为技能"的基本要领。

找出更好的应对方式

在帮助家长确定孩子需要学习的技能时，我通常会首先问他们，孩子在什么情况下会出现这个问题。一旦我听到了一些具体的状况，就会邀请家长想想看，他们希望孩子用何种更好的方式应对这些状况。你可以在下面的这个例子里看到，我是如何通过对话帮助家长将"孩子面对的挑战"转换为"孩子可以学习的技能"的。

妈妈： 老师向我抱怨我女儿在幼儿园的行为。她肯定又动手打了其他的孩子。

我： 哦，你知道她都在什么情况下动手打人吗？她遇到了什么无法处理的状况？

妈妈： 他们说，如果她想要玩别的孩子正在玩的玩具时，就会打人。

我： 她是怎么做的？

妈妈： 她想去抢人家手里的玩具。如果那个孩子不给她，她会感到沮丧，接着就会动手打人。

我： 你希望她怎么处理这些状况呢？

妈妈： 我希望她能够用更成熟的方式处理。

我： 那当然！不过，你想让她学着怎么做呢？

妈妈： 我希望她能学会友善地问问人家，她是否可以玩那个玩具。如果那个孩子拒绝给她，我希望她能够"接受别人的拒绝"。

我： 你希望她学会说什么，就等于告诉你，她已经学会"接受别人的拒绝"了？

> **妈妈：** 我想让她学会说："当你不想再玩它的时候，可以让我玩吗？"
>
> **我：** 好的，这就是你希望你女儿学习的技能。

换句话说，为了弄清楚你想让孩子学习什么技能，首先要想一想孩子遇到的难以处理的状况是什么，他通常是如何处理的；再问问自己，你希望孩子学习怎样以更好的方法来应对这类情况。

技能是对期望行为的描述

当我们谈论技能时，一定要记住，技能不是指停止不期望的行为，而是指学会更适当的行为。

孩子很难停止或减少不期望的行为。例如，如果你想让孩子学会在课堂上不大声喊叫，那么孩子需要学习的技能不应该被表述为"我要克制自己，不在课堂上大声喊叫"，而应该是"我要在课堂上举手发言，得到许可后才讲话"；或者你想让孩子学会避免与其他孩子打架，那么他要学习的技能不应被表述为"我不跟其他孩子打架"，而应是"我要学会在与其他孩子发生冲突的时候离开现场"。孩子所要学习的技能应始终指向对期望行为的描述，而不是对不期望行为的描述。

有时候在向家长介绍技能教养法时，我会半开玩笑地说：

"你知道吗？孩子的听觉神经里有一个'过滤器'。当听觉神经将神经脉冲从耳朵传送到孩子大脑的时候，这个过滤器会有效地把'**不要**'和'**停止**'这类的词语从句子中滤除掉。如果你对你的儿子说：'丹，我再说一遍，**不要**对我大喊大叫！'丹听到的可能是：'丹，我再说一遍，对我大喊大叫。'或者如果你对你的女儿说：'茱莉亚，我跟你说过，**不要**这样做。我**不**喜欢你摆弄食物。'她听到你说的可能是：'朱莉亚，我跟你说过，我喜欢你摆弄食物。'"

我这样说，是在用玩笑的方式告诉家长，如果你们的指示中包含否定词，例如"不要""停止"或"别"等词语的时候，孩子们往往无法遵守家长的指示。孩子不听话并不是因为他们太固执或死脑筋，而是因为他们的大脑还没有发育成熟，无法处理这样的指示，不知道应该怎么做。

正是出于这个原因，很多育儿指南经常建议成年人，在给孩子下达指令的时候，要清晰地告诉他们我们希望他们做什么，而不是只告诉他们不做什么。下面是一些将"不要……"转换为"要……"的指令范例：

- 不要大喊大叫！→ 要温和地讲话！

- 不要哭哭啼啼地讨要！→ 要有礼貌地请求！

- 不要跑！→ 要好好走！

- 不要摆弄食物！→ 要好好吃饭！

有一次我在一所幼儿园为家长做晚间讲座，跟家长解释如何把"不要……"转化为"要……"的指示。在场有一些家长因为没有找到临时保姆而带着孩子参加了活动。那场活动结束的几天后，有一位带着儿子一起参加了活动的妈妈向幼儿园老师讲述了这样一件有趣的事。一天，她听到自己的儿子和其他几个孩子一起在公寓的走廊里跑跳和吵闹。因为之前有人抱怨过孩子们制造的噪声，这位妈妈打开门，对着孩子们喊道："不要在走廊里跑！"她的儿子迅速回应她说："妈妈，你不应该说'不要跑'，你应该说'要走'。"这位妈妈笑着说："我觉得我儿子在那晚的讲座中比我学得更好。"

用"要……"代替"不要……"的做法看起来很简单，但是在现实生活中，如果不使用"停止""不要"或"别"这样一些词语，有些场合会不知道该怎么跟孩子说。我想起我自己的一个亲身经历，那是在我大女儿 7 岁时发生的一幕。

我开车载着女儿从购物中心回家，她和一个小伙伴坐在后排座椅上。我感到座椅的背部有种恼人的晃动，过了好一会儿我才意识到是我女儿在我的身后踢我的座椅靠背。

"别踢！"我告诉她。但这没用，她依然一脚一脚地踢着座椅靠背，好像什么都没听到一样。我觉得我得把话说得再清楚一些，所以又补充说道："不要再踢了！请你马上停止踢我的座椅靠背！你难道不知道吗？你这么踢会干扰我开车的。你不希望我们发生事故吧？"我苦口婆心地劝导不仅没有对她产生丝毫影响，两个女孩还在后排座椅上咯咯地笑了起来。显然，她们认为我在开玩笑。到后来，我真的想不出还能说些什么了。我好像又说了一些这样的话，大意是"如果你再不停止踢我的座椅靠背，我就停车让你们两个下车自己走回家"。可是我的威胁似乎一点儿用都没有，因为后排传来了更大的笑声。我问自己："我要怎么用技能思维来处理这种情况呢？我可不可以通过奖励她的好行为，而不是威胁惩罚她的坏行为来处理这个状况呢？"我一时不知道该怎么说，就随口说出当时脑子里出现的一句话："如果你能把脚收起来，我就能更专心地开车。所以你每次不踢我的靠背时，我就可以付给你1元钱。"这句话我自己听着都感觉别扭。但令我惊讶的是，她真的不再踢我的靠背了，后排座椅上也变得安静了。回家后，我很快就忘记了这件事。但是当天晚上在我给女儿铺床的时候，她突然向我伸出小手。"什么意思？"我问她。"给我8元！"她理直气壮地说，"是你欠我的。你在车上答应过我，每次我不蹬你，你就付给我1元，我数过了。"

我不记得那次我有没有付给她这8元，她觉得那是她自己克制了踢脚的冲动而挣来的，也是我一时冲动随口编出来的承诺。时至今日，绝大多数的人都同意，若要影响孩子的行为，赞扬或奖励孩子的好行为比惩罚孩子的坏行为要来得有效。但是在现实生活中，要做到这一点并不容易。不说别的，如果孩子开始期待在他每次做到了自我克制、没做不该做的事情时都能获得我们的奖励，就很不靠谱。

更难的是，通常我们并不会满足于孩子能够听从我们的指示。我们其实想要更多，我们想要孩子听从我们的指示，而又不需要我们一遍一遍地重复。可是，我们怎么才能让孩子把我们的指示变成他们的行为习惯，总是能按我们的期待去行事呢？也许，我们应该把这样的行为能力看成是某种技能。也就是说，把不用提醒、主动去做某些事的行为，看成是孩子可以学习并能获得改善的某种技能。让我来跟你们分享我个人应对养育挑战的一次经历吧。

我女儿6岁左右的时候，有一次我跟她说："宝贝，我希望你能学会吃完饭把自己的盘子放到洗碗机里。我发现每次我告诉你这样做的时候，你都能做到。但是我希望你能自己主动把盘子放进去，而不用别人来提醒。"我留意到她在认真地听我说话，于是我接着说道："让我们从现在开始。如果我看到你忘记放盘子了，我还会继续提醒你。但是，你不要立刻去做。你要等那么一两分钟，也许你可以在心里先数10个数，然后再去把盘子放进去，就像我什么都没说一样。我们可以试试吗？"我以为我女儿会觉得我的提议很傻，没想到她居然同意了。我当时就"提醒"了她一下，她等了一会儿，然后"自发"地收拾了她的盘子，把它们放进了洗碗机里。随着时间的推移，我女儿的自主性逐渐增强。我觉得我们一起玩的那个傻乎乎的游戏，对她的积极发展起到了重要作用。

寻找例外

这里还有另外一个实用的做法，可以帮助你找到孩子需要学习的技能。比如，如果你的孩子平时一天到晚地黏在智能手机上，那么这个"例外"就是他放下手机去做其他事情的时刻。我们可以从这个"例外"中找到一点儿解决问题的线索，看看那个"放下手机去做其他事情"的"例外"行为会不会就是他需要学习的、可以帮助他减少问题的技能。

可以参考下面这段家长跟孩子的对话。在这段对话里，家长使用"寻找例外"的方法，帮助孩子找到了他在学校需要学习的、能够避免与老师直接发生冲突的技能。

家长：你觉得自己做些什么才能避免与老师发生争吵？

孩子：我怎么知道？

家长：你在学校肯定有些合得来的老师，对吗？

> **孩子：**我跟体育老师的关系还不错。
>
> **家长：**你觉得是为什么呢？你做了什么让你跟体育老师的关系保持得不错？
>
> **孩子：**我从来不顶撞我们的体育老师。
>
> **家长：**真的吗？从来都不顶撞体育老师？那你是怎么做的？
>
> **孩子：**我假装在听，并且点头说"好的"。
>
> **家长：**看起来你找到了跟体育老师好好相处的办法。你会把这个技能叫什么名字？
>
> **孩子：**我也不知道。叫"好行为"吧。
>
> **家长：**好行为？很好啊！我觉得你好像已经拥有了这个技能呢，因为你跟体育老师相处时的行为就运用了这一技能，不是吗？你觉得要是从现在起，你也运用这一技能，跟其他老师相处时也展现"好行为"，会不会是一件好事呢？

看看问题的反面是什么

当家长和老师对孩子的行为感到担心的时候，他们经常用问题语言和问题词汇来谈论他们所担心的事情。例如，他们可能会说孩子"太冲动""自卑"或"缺乏同理心"。这种高度概括的问题描述并不能告诉孩子遇到的实际挑战是什么，但如果你能想一想你所描述的问题的反面是什么，就更容易弄清楚孩子可能需要学习什么技能了。下面这段对话可以看作是这类谈话的一个范例。

家长：我儿子特别害羞。

我：你希望他不那么害羞，对吗？

家长：是啊。我觉得他太害羞了，有时候挺受罪的。

我：哦，不害羞。那么你会怎么称呼一个不害羞的孩子呢？

家长：我也不知道，也许是"勇敢"或"不怯场"。

我：有道理。我猜孩子们应该是处于"害羞"和"勇敢"之间，不断变化的。我想知道，在你看来，如果你的儿子有了一点儿进步，他从"特别害羞"变到"不那么怯场"的第一个小小的迹象会是什么？

家长：当有客人来访时，他不再一个人躲在房间里了。

我：我明白了。那他应该做什么呢？

家长：他会打开门，至少会向客人打招呼。

> **我：**这是你想让他学习的技能吗？如果他学会了这项技能，你是不是就不那么担心他了？
>
> **家长：**是啊，如果他学会了这样做，我和我的妻子就会比较放心了。

将重点从解释原因转向如何做

家长、老师和孩子的其他养育者经常会谈论孩子的问题，但他们的谈话里鲜少提及孩子遇到的具体问题，却有很多他们对产生问题的根本原因的各种猜想。例如，老师可能会说"这个孩子缺乏同理心""这个孩子一定是遭受了心理创伤"，或者"这个孩子很自卑"。这种宏大叙事式的语言并没有告诉我们孩子到底遇到了什么问题或挑战，它只是一种对问题产生的可能原因的解释。

为了确认孩子需要学习的技能，一个有效的方式是，暂时放下这些解释，转而去关注"孩子到底遇到了什么挑战"，然后根据这些信息找出孩子可以学习并能从中获益的技能。请看下面这段对话：

> **家长：**我儿子很自私，总是寻求别人的关注，让每个人都觉得很烦。
>
> **我：**他做了什么让你觉得他很自私，总是在寻求关注？

家长：他经常做的一件事就是打断别人讲话。如果他的脑子里突然冒出一个想法，他会不等别人讲完话就脱口而出。

我：你觉得打断别人讲话的习惯是他的问题之一吗？

家长：是的，绝对是他的一个问题。

我：我明白了。我们可以从这个问题着手吗？

家长：也许吧。

我：你认为他需要学会做什么才能避免打断别人？

家长：他需要学会更有耐心。他需要学会等待，让对方把话说完。

我：嗯，这是孩子们需要学习的一项重要技能。你知道他要如何才能做到这样吗？

家长：当我的客户向我解释我不太感兴趣的事情时，我有时会偷偷地交叉手指，提醒自己要耐心倾听。也许他也应该学着做类似的事。

我：对孩子来说，倾听是一项不太容易学习的技能。不过，如果你的孩子同意学习这项技能，愿意试着变得好一些，他也许至少可以有一些进步。

* * *

把技能思维用于育儿，首先要做的就是把我们的愿望转化为孩子能够学习的技能，但这只是第一步。显然，你还需要弄清楚怎么才能让你的孩子对学习这个技能感兴趣，并有动机付出努力掌握这项技能。

在下一章里，我将向你介绍在运用技能教养法帮助孩子学习技能时所需要的、有助于激发孩子学习动机的各种妙招。

第 **4** 章

如何激发孩子学习技能的动机

在我向家长或教育工作者介绍技能教养法时，我的听众通常纠结两个主要问题。首先，如何针对孩子的问题确定他需要学习的技能；其次，怎么激励孩子学习这项技能。这一章里，我假定你已经知道了你的孩子需要学习的技能，现在只是非常想知道怎么激励他去学习这项技能。

下面，我将提供给你 15 种激励孩子发展技能的方法。这些方法与本书中介绍的"技能思维"完全一致。我希望它们能够在你努力支持孩子学习重要的生活技能时有所帮助。

❶ 先跟孩子谈谈他们已经学会的技能

在建议孩子学习一项新技能之前，你可以先跟孩子谈谈他们已经掌握的许多技能。比如，"宝贝，你已经学会了很多技能啦。你学会了滑雪，你会说一点儿西班牙语，你甚至学会了对小妹妹友善一些。你非常擅长学习那些你自己决定要学的技能。"通过让孩子对他们所学会的或努力改善的技能感到自豪，可以大大增加孩子跟你谈论学习下一个对他们有益的技能的意愿度。

❷ 用"我们"代替"我"

想要建议孩子学习一项技能的时候，尽可能用"我们"而不是"我"来提出建议。例如，"我们觉得学习……会对你很有帮助"，而不是"我觉得学习……会对你很有帮助"。如果孩子知道，不仅你觉得这项技能对他们很重要，其他关心他们的人也希望他们学会这项技能或者在某个方面变得好一些，那么他们就更有可能遵从你的愿望。

❸ 听听孩子的想法，找出孩子想学习的技能

如果你的孩子对你希望他学习的技能没有兴趣，别担心！你可以问问孩子，能否想出其他对他有好处、他也更愿意学习的技能。通过邀请孩子先学习他们自己选择的技能，可以为他们提供正向的学习体验，从而为孩子后续学习其他技能做好铺垫。

❹ 跟孩子讨论学习技能的好处

为了激发孩子的积极性，我们需要帮助他看到学习这项技能的诸多好处。因此，我建议你跟孩子进行一次谈话，一起探讨掌握该技能可以给孩子自己，以及孩子生活中的重要他人所带来的好处。

很多时候，当家长和教育者试图让孩子相信学习某项技能的好处时，往往会告诉孩子学习这项技能可以避免哪些麻烦或负面的后果。然而，更好的激励策略是，帮助孩子意识到学习该技能可以带来哪些好处。比如，不要说："如果你能学会在课堂上保持安静，老师就不会骂你了。"而是试着说一些这样的话："如果你能学会在课堂上保持安静，你的老师就会更重视你。"再比如，不要说："如果你能学会在超市里保持冷静，哪怕我不同意给你买你想要的东西，你也不发脾气，我就不会感到丢脸了。"而是试着用同样的方式开始，但是用"……我们都会为你感到骄傲"这样正向的描述来结尾。

在跟孩子讨论学习某项技能的好处时，还有一点很重要，就是要让孩子感到你说的那些好处跟他的生活有关，对他有意义。比如，如果你的孩子热爱足球，那么跟他谈论学习某项技能会如何帮助他成为更好的足球运动员，就很有意义；或者，如果你的孩子特别珍视友谊，那么跟孩子谈论这项技能可以如何帮助他改善与朋友的关系，应该更能打动他。

❺ 跟孩子一起学习一项新技能

有一个方法可以增加孩子学习技能的意愿，即你自己也选择一项技能跟孩子一起学习。如果你，甚至家里的其他成员，也能学习一些技能，那么你的孩子就更容易接受学习某项技能的提议。我想起一个 10 岁的男孩，他的妈妈希望他学习"按时完成作业"的技能。他跟妈妈说："妈妈，你也需要学习一项技能。你总是对我大喊大叫，你需要学习温和地和我说话。"他的妈妈提决定学习"不大喊大叫"的技能，或者换一个更好的说法是，她决定学习"用温和的方式表达愿望"的新技能，这种做法增加了男孩学习妈妈希望他学习的技能的意愿。

❻ 增强孩子的自信心

另一个激励孩子的有效做法是告诉他，你相信他一定能够学会你想让他学习的技能，并向他解释你对他的信心来自何处。你可以说"我相信你能做到"，然后说"因为你非常擅长学习新东西""因为你清楚地知道提高这项技能对你有什么好处""因为我们都会帮助和支持你""因为你已经有一些进步了"，或者"因为你是个意志坚定的人，只要你自己决定了要学习什么，就一定会做到"。

❼ 确保技能不要太大

如果你建议孩子学习的技能看起来太大或者太难了，孩子就有可能退缩。很重要的一点是，将那些具有挑战性的大技能分解成更小的、可以分步渐进完成的、孩子更容易学习的技能。比如，如果你的女儿患有"选择性缄默症"，或者害怕与核心家庭以外的其他人说话，那么就可以帮助她从非常小的一小步开始练习。你可以用一个手偶模仿老师跟她练习对话，或者帮助她回复老师或同学们在学校的在线留言板上的聊天信息。

❽ 让孩子给技能起个名字

鼓励孩子给技能起个名字。如果孩子可以自行决定技能的名称，就会更有动力去学习这项技能。此外，好的技能名称有助于激发孩子的创造力。创造力非常重要，能够帮助孩子找到适合自己练习和提高技能，以及如何让其他人更有效地给予支持的方法。

❾ 请孩子指定支持者

孩子学习新技能需要他人的支持。支持者们的帮助和鼓励会令孩子受益良多。拥有一个支持者队伍会增加孩子的乐观情绪，从而提升他们的学习动力。所以，你可以让孩子考虑一下，想要邀请哪些人做他学习技能的支持者。你和家里的其他家庭成员肯定是孩子的首选；其他孩子，尤其是那些比孩子年长几岁、让他很崇拜的大孩子，也是很好的支持者。

支持者可以在许多方面帮助孩子。比如，他们可以：

● 帮助孩子理解学习技能的好处；

● 在孩子展现技能的时候，称赞他们；

● 为孩子提供练习技能的点子；

● 在孩子忘记技能的时候，提醒他们；

● 参加为表彰孩子学会技能而举办的庆祝活动。

⑩ 鼓励孩子找一个想象中的支持者

建议孩子选一个动物、生物或超级英雄作为想象中的支持者——魔法宝贝——来支持他学习技能。一旦他选择了某个魔法宝贝，就可以直接问问他："这个魔法宝贝会怎么帮助你学习技能呢？"你可能会很惊讶孩子的创造力，他们在构思想象中的支持者如何帮助并激励他们学习技能时，充满了奇思妙想。

⑪ 策划庆祝会

对许多孩子来说，"学会技能后可以举办一个庆祝活动"是一个非常有吸引力的想法，会大大激发他们的动机。你可以事先跟孩子谈论举办庆祝活动的可能性，并允许孩子对庆祝活动的形式、地点、受邀人员，以及活动中可以做些什么表达自己的想法。有些人可能会认为，为孩子学会技能而举办庆祝活动像是对孩子的一种奖励，但我更倾向于将其视为成长过程中的重要一步：荣耀孩子的成就，让他们为自己的进步感到骄傲，并有机会感谢支持者给予他们的帮助和鼓励。

⑫ 帮助孩子找到有趣的练习技能的方法

任何技能都需要勤加练习才能掌握。对孩子们来说，这的确是一个挑战，因为孩子们并没有动机自发地去练习他们的技能。因此，发明好玩且有回报的方式让孩子练习技能非常重要。这样，孩子才会更有动力去练习并掌握这些技能。

我们有可能将练习技能变成孩子愿意玩耍的游戏吗？小孩子通常非常愿意给大人展示他们已经擅长的技能。对孩子来说，"展示"他们已经掌握的技能比练习技能更有乐趣和回报感，但从学习的角度来看，展示技能其实就等于练习技能。

你可以问问孩子，要怎么做才能掌握这项技能。比如，"你觉得怎么做才能学会这项技能呢？""你要怎样练习这项技能呢？""怎么才能记住这项技能？"你会很惊讶地发现，你的孩子能够想出那么富有创造力的想法来发展他的技能。另一个可能的做法是，用你的智能手机让学习更有意思、更有回报："来，展示一下你的技能，我给你拍下来做个短视频！"

对于年龄更小的孩子，你也许可以使用玩偶或可爱的玩具来帮助孩子学习。"你看这只河马。看到了吗？它的尿布湿了。我觉得它已经很大了，可以学会在马桶上撒尿了。我们来帮助它学习在马桶里撒尿吧。我们要怎么教它呢？"

⓭ 发掘各种称赞孩子的方式

问问孩子，当你看到他们展示技能的时候，他们想让你怎么表达对他们的欣赏？有些孩子喜欢大人直接的口头称赞，而另外一些孩子则更喜欢大人通过手势或其他不显眼的信号来表达认可。邀请孩子跟你一起约定一种独特的并适合他们个性的称赞方式。

⓮ 找到提醒孩子的方法

孩子学习技能不可能一蹴而就，即使他们非常努力地学习。或早或晚，他们会遭遇某种挫败，或者忽然忘记了正在学习的技能，回到了以前的行为模式。但是，与其把这些事件称为"退步"，不如把它们简单地看作是"一时忘记了技能"。

孩子对你的提醒方式非常敏感。如果你的提醒方式让他们感到有批评的意味，就会对他们的动力产生负面的影响。如果你能够用一种事先商定好的更温和的提醒方式，就可以帮助他们增强学习的动力。

试着找到一种符合技能思维的方法，来应对孩子"忘记技能"的情况。问问孩子，他希望你和其他人怎样帮助他记住正在学习的这项技能："如果你有时忘记了这项技能，你希望我们怎么提醒你呢？"

⓯ 为孩子提供机会，把技能传授给其他人

你可以告诉孩子："学会这项技能的时候，你就可以帮助其他人了，比如可以教给班上的其他孩子来学习这项技能。"孩子们喜欢教授他人，把学会的技能教给其他人会让他们很有满足感。仅仅

是想到"以后还可以把技能教给其他人",就能进一步强化他们的动机,它也是孩子学习技能的额外激励。

＊ ＊ ＊

现在,你不仅知道了怎么把问题转化为孩子可以学习的技能,也熟悉了在孩子同意学习技能之后的一系列激励他们学习技能的方法。接下来我们聊一聊如何把这些技能思维运用在养育孩子的日常生活中。

第 **5** 章

如何把技能教养法运用于
养育孩子的日常生活中

技能教养法最初是为了帮助老师和其他辅导孩子的工作人员克服各种挑战而开发的，但这一方法同样适用于在日常生活中支持孩子的成长，不管孩子目前有没有需要克服的挑战。

如果你想把技能思维运用于跟孩子的日常互动中，我建议你首先在冰箱的门上贴一张海报，提醒自己注意以下关键步骤。

❶ 第一步：想一想你的愿望，把它变成你希望孩子学习的技能

避免批评孩子的错误行为，而是想想你希望孩子在类似的情况下学会做什么或者说什么。把你最想要的那种回应方式看成是孩子可以在其他人的支持下学习的一项技能。

❷ 第二步：跟孩子解释一下，为什么这是一项需要学习的重要技能

孩子可能不明白你为什么要让他们学习这项特定的技能。你要

帮助孩子弄明白，学习这项技能为什么对他们很重要，或者对他们有什么好处。

❸ 第三步：帮助孩子建立信心

鼓励孩子，让孩子知道你为什么相信他们能够成功地掌握这项技能。

❹ 第四步：跟孩子约定好一种令人愉悦的提醒方式

跟孩子达成协议，当他们需要时你可以如何提醒他们正在学习的这项技能。所达成的提醒方式一定是善意的或令人愉悦的，不能削弱他们学习技能的意愿。

❺ 第五步：强化孩子的学习动机

通过确保孩子有机会为自己的成功和进步感到自豪，来强化孩子的学习。

第一步：想一想你的愿望，把它变成你希望孩子学习的技能

通过阅读前面的章节，我敢肯定你已经熟悉了这样一个理念，即孩子的所有问题都可以被看作是"他们还没有学会某项技能"。想象你有一副神奇的眼镜，它能够帮助你换个角度看待孩子。戴上这副眼镜，你看到的不再是一个有问题的孩子，而是一个需要支持和帮助学习技能以应对各种挑战的孩子。

你可以在下面的愿望清单（表 5-1）中，写下你对孩子的愿望，并思考一下可以转换孩子可以学习的什么样技能。

表 5-1　你的愿望清单

你的愿望	孩子可以学习的技能

第二步：跟孩子解释一下，为什么这是一项需要学习的重要技能

如果你想让孩子学习某项技能，请准备好跟他或她进行一场对话，谈谈为什么学习这项技能很重要。

我在工作坊上讲解这一原则时，经常给学员们播放一段视频来解释这个想法。这段小视频展示的是一个德国父亲跟他 6 岁的儿子谈论家庭作业的对话。视频中一个小男孩坐在书桌前，很不情愿地拿着笔在作业本上学写字，他的父亲（画面外）在一旁陪着他。

"我不知道我为什么非要上学。"男孩面带绝望的表情向父亲抱怨道。

"你再说一遍，"父亲说，"我没有完全听懂你在说什么。"

"长大后，我要成为一名卡车司机或者挖掘机操作员。"男孩回答道。

"那又怎样？"父亲问。

"如果我开卡车或者开挖掘机，就不需要学写字。"

"真的吗？"父亲思索着，"但你至少需要会算数吧。如果你开挖掘机，就需要计算所要建造的墙有多高，要挖多深的洞。如果

你开卡车，就需要计算你的载重量，以及你的行驶速度所需的刹车距离有多长。这些都是你需要计算的哦。"

"是的，但我不打算成为建筑师。我只要会开挖掘机和卡车就行，我不用做其他的工作。"

"是的，是的。但你还是需要考驾照啊。如果你想考驾照，就得会认字写字。你必须通过笔试。你需要阅读并理解问题，然后给出答案。"

男孩听着父亲的解释，脸上带着认真思考的表情。然后他深深地叹了口气，将手中拿着的笔放回到笔记本的纸面上，继续写作业。

在这个视频里，男孩的父亲只用了几句话，就成功地让他 6 岁的儿子理解了学习这项技能的重要性。他认真倾听孩子的"理由"，从孩子的角度去解释这个问题，帮助他的儿子看到读写技能将如何帮助他实现自己的目标。如果你的孩子梦想成为一名舞者，不妨帮助他意识到某项技能将如何助力他成为一名成功的舞者，从而理解你让他学习的这项技能有多么重要。同样地，如果孩子的梦想是成为一名足球明星，你可以考虑找到一些理由，让孩子看到你想让他学习的这项技能，可以如何帮助他在足球比赛中更加成功。

下面是我个人经历的一个故事，它诠释了同样的理念。

那时候我的一个女儿才 5 岁。一天晚上，我坐在她的房间里，挨着她的小床守着一摞子材料，陪着准备睡觉的她。

"你在干什么，爸爸？"她问我。

我本来没想跟她聊天，因为已经到了睡觉的时间。但不知道为什么，我还是回答了她："我在写一本关于怎么帮助孩子克服问题的书。"

"哦，我没有任何问题。"她回答道。

"嗯。其实，这本书并不是关于怎么帮助孩子克服问题的，而是关于怎么帮助他们学习技能的。"我解释道。

"哦，但我也没有需要学习的技能。"她说。

"每个人都有一些需要学习和不断提升的技能，你也一样。"我回答道。

"那我需要学习什么技能呢？"

"比如，你需要学会在没有明亮的灯光照耀下入睡。你应该学会在黑暗中入睡，或者在只有小夜灯亮着的房间里入睡。"

"为什么？"她问。她要求我给出理由，就好像很熟悉我所提到的理念一样——我们需要向孩子清楚地解释，为什么我们想要他们学习某项技能。

"首先，因为你喜欢邀请你的朋友来过夜。如果他们的父母知道你已经学会了用小夜灯入睡，就更容易同意你的朋友来咱们家过夜。不然的话，你亮着灯有时会让你和你的朋友好几个小时睡不着。"

我留意到女儿在认真听我说话，于是忍不住继续说道："而且，如果小朋友的父母知道你已经学会了在夜灯下入睡，就会更愿意邀请你去他们家过夜。"女儿看上去确实在认真思考我的话。"关灯睡觉甚至还可以帮助我们省点电费。"我补充道。接下来发生的事情让我惊讶不已。我女儿伸出手按下了开关按钮，关闭了一直照在她脸上的明亮的阅读灯。

许多父母都有个坏习惯，当他们的孩子表现出他们不想看到的行为时，就开始给孩子提出一连串"为什么"，例如："你非得一直说话吗？""你为什么要从那个男孩的手里抢玩具？""你为什么这么慢？""你为什么不好好吃饭？""你为什么要跟我顶嘴？"

问题是孩子们并不知道怎么回答这类"为什么"的问题。他们并不知道自己为什么会去做某些事情，而且他们觉得这些"为什么"的问题根本不是家长真正要问的问题，而是在责备和批评他们。因此，孩子们经常对父母的"为什么"问题耸耸肩说："我也不知道。"另一个困扰是，这类"为什么"的问题会促使孩子们为自己的行为编造理由或借口，将责任推给别人："因为你太蠢了！""因为别人也这么做！""因为珍妮特欺负我。""因为你不让我用手机，我生气了。"

有时候这类"为什么"的问题还会给孩子带来伤害。因为孩子一时找不到问题的答案，就有可能开始默默地琢磨"我到底是怎么啦？"这里的风险是，当孩子思考这个问题的答案时，他或许会得出"自己骨子里有问题"的结论，甚至认为自己在某种程度上是不正常或者有缺陷的。这样的结论必将削弱孩子的自信心，降低他相信自己能够改变行为的信心。

我想向家长们推荐的方法是，把"为什么会有问题行为"变成"为什么要学技能"。"为什么要学技能"的问题，不需要我们查找孩子出现不良行为的原因，而需要我们去探究，孩子学会以更好的或更可取的方式行事后的好处和重要性。

"拉瑞，我们觉得你应该学会整夜在自己的床上睡觉。你知道为什么作为大男孩学会在自己的床上睡觉很重要吗？"

"杰西，我希望你能学会有礼貌地跟妈妈讲话。跟妈妈粗鲁地讲话是很不好的。你知道为什么所有的孩子都要学会跟他们的妈妈有礼貌地讲话吗？你知道为什么这么做很重要吗？"

"关于像你这么大的孩子每天可以有多少屏幕时间这件事，我和你爸爸已经达成了共识。我们认为，你不能花太多的时间在手机上，你还需要做一些其他的事情。你知道为什么这个议题对我们很重要吗？你明白我们为什么关心这个问题吗？"

　　用孩子能够理解的方式向他们解释为什么你希望他学习某项技能，是让孩子对学习该技能感兴趣的第一步，也是非常重要的一步。但仅凭这一步是不够的。无论你多么成功地让孩子相信学习这项技能有好处，都还需要另外一些措施，确保孩子有足够的动机愿意付出努力掌握这项技能。

第三步：帮助孩子建立信心

过去，一些家长会试图用批评孩子的方式激发他们的学习动机。家长们可能会对孩子说：

- 你根本就不行！

- 这不可能。

- 哪里有这么难？

- 你妹妹都比你学得快。

- 至少要试试嘛！

- 你怎么连试都不试？

- 天哪！别动！我来教你怎么做。

- 怎么会花这么长时间？

- 真的有那么难吗？

用这种方式跟孩子说话的父母，可能暗自希望他们的批评能够刺激孩子愿意付出加倍的努力，以证明家长说得不对。

然而，对孩子的批评打击通常是不会增强他们的自信心的。这是一种危险的育儿方法。如果孩子将家长批评他们的话语内化，他们的自信心会受到严重损害。

当代的育儿观相信，鼓励和赞扬比批评和吹毛求疵对孩子的成长更有帮助。如果你想提高孩子的学习动机，最好避免批评孩子的问题或关注孩子的失败。要多多增强孩子的信心。让孩子相信，即使你知道培养这项新技能对他有多么难，但是你，还有其他人，都相信他最终一定能做到。比如，你可以这样说。

- 你做得到！

- 你可以学任何东西。

- 你很擅长学习。

- 你学东西很快。

- 你可以学会任何想学的东西。

- 这次没有成功，但它是一次很好的尝试。

- 我看得出你已经尽力了。

- 你已经成功做到很多次了。

- 你已经开始学了。

- 你以前学过很多更难的东西。

- 你会努力去学，因为你知道这很重要。

- 你能学会，因为你是我的孩子。

- 你能学会，因为我们都会帮助你。

- 你会去学，因为我知道你想学。

孩子的信心——孩子相信自己能够学会某项技能的信心，会受到孩子身边重要他人的影响。人们越是相信孩子可以做到，对他表达的信心越多，孩子就越对学习这项技能感到乐观。

第四步：跟孩子约定好一种令人愉悦的提醒方式

找到一种好方式在孩子需要的时候提醒他正在学习的技能，是技能教养法中非常重要的一步。我的建议是，特别预留出一些时间跟孩子坐下来达成一个约定，看看当孩子忘记正在学习的技能，或者又重复或将要重复他以前不好的行为时，你和那些支持者可以如何提醒他这项新技能。

如果没有事先跟孩子达成这样的约定，当孩子忘记技能的时候，你就可能会感到沮丧，会不自觉地用批评和指责来应对孩子的表现。

- 我的天哪！你怎么又开始咬指甲了！

- 我们不是刚刚说好，你不再打扰你的小弟弟了吗？

- 这是什么？你答应过会收拾干净的，为什么没收拾？

- 又来了！看来一点儿用都没有。

- 我就知道！我一转身你就会再去这么做。

- 看来我们的讨论只是在浪费时间。我真的不知道该怎么办了！

然而，你也可以不以这样的方式向孩子发泄你的挫败感，你可以用符合技能思维的方式来应对孩子出现的"倒退"。这意味着你可以用你们事先商定好的特定方式，提醒他正在学习的新技能，有意识地避免批评指责孩子。

这里的底层逻辑是，孩子很容易在家长直接的口头提醒中感受到批评的意味，但他们对事先商定好的手势、信号或暗语的反应要好很多。

一位妈妈告诉我，她8岁的女儿有一个坏习惯。每当她提醒女儿该去做一些事的时候——例如完成练习拉小提琴的作业——女儿总是回答说"等一会儿"或"马上"，然后磨蹭着什么也不做。女儿的磨蹭已经成为让这位妈妈头疼的问题。为了让女儿完成她应该完成的作业，这位妈妈总是不得不一次又一次地提醒女儿。女儿不胜其烦，她也很无奈，母女俩的关系越来越紧张。为了找到解决这个问题的办法，这位妈妈决定和女儿好好谈谈。

她把自己的难题抛给女儿："我有责任督促你完成练琴的作业，我不介意提醒你。但我发现，我提醒你的时候，你虽然经常答应'马上练'，却继续做其他的事，然后我不得不再次提醒你。我注意到，当我反复提醒你的时候，你就会开始生气，而我自己也很不喜欢为这件事反复地提醒你。我觉得我们应该找到更好的方法来处理这个状况。"

当注意到女儿在倾听的时候，她建议道："你希望我怎么提醒你练琴呢？要是我一句话都不说，只是给你发一个信号，提醒你去拿起小提琴开始练习，你觉得怎么样呢？"

妈妈的建议引发了一场对话，她们最终达成约定：从今往后，妈妈不再口头提醒女儿练琴，而是向她晃动一张画有一把小提琴的卡片作为提醒暗号。女儿也同意，如果妈妈什么都不说，只是向她出示卡片，感觉可能会更好。她甚至为自己制作了一张卡片，在上面画上了一把小提琴，送给妈妈用来作为提醒的卡片。妈妈和女儿一起想到的"卡片提醒法"并没有让问题立刻消失，但这样的协商成为她们新的沟通模式，帮助她们找到在各种情况下，妈妈需要提醒女儿为自己负起责任时的有效方式。

对于孩子同意学习的技能，家长以及其他养育孩子的人可以通过邀请孩子参与，一起找到一种提醒方法来防止反复提醒和磨蹭的恶性循环。一位小学老师跟我分享了她的故事，讲述了她是怎样在学校里跟她的学生运用这一理念的。

你知道的，那些 7 岁的小孩子秋季刚刚入学的时候，每个人都像天使一样可爱。整个教室里安静极了，他们都能全神贯注地听我讲话，专心地完成任务。但随着时间一周一周地过去，教室里的噪声水平开始上升。如果我不理会，教室里的噪声就会越来越大，快到圣诞节的时候变得难以控制。通常，我喜欢邀请我的学生帮助我找到解决问题的方法。不久前，我问我班里的学生，他们是否注意到上课时的噪声水平比我们秋季开学那会儿要高。他们都同意我的看法，他们承认情况确实如此。然后我问他们，我该怎么做才能让课堂再次安静下来呢？我给了他们一些时间思考这个问题。过了一会儿，他们提出了一个建议。

"当你看到我们有人很吵闹的时候，"他们说，"不要对他或她说任何话。你可以一边继续讲课，一边走近大声讲话的同学。当你走到他的身边或站到他的后面时，把手轻轻放在他的肩膀上就好了。"

听到这句话，我的脑海里浮现出一幅画面：一位可怜的老师在教室里走来走去，不停地从一个学生走到另外一个学生的身边，把手放在他们的肩膀上。我问："这个方法怎么样？"

"效果太好了。"这位老师告诉我，并指出这个建议之所以有用，也许是因为它来自学生，而不是老师。

温和的提醒方法不仅对孩子有效，也适用于成年人，就像下面这个故事告诉我们的一样。

一位8岁孩子的妈妈参加了一个周末的技能教养法育儿研讨会。回到家后，她想和儿子德米安一起试试这种方法。妈妈向德米安展示了一本专门为孩子设计的、带有插图的学习技能的练习册，并设法让儿子自愿成为自己的第一只"小白鼠"。他们很快就找到了德米安可以学习的一项技能，并且在接下来的步骤上进展顺利。突然，德米安变得若有所思，他盯着自己的妈妈。

"你在想什么？"妈妈问他。

"妈妈，我觉得你也应该学习一项技能。"他说。

"哦，你这么想？那我需要学习什么技能呢？"妈妈问。

"你经常对我大喊大叫。我觉得，你应该学会和我好好地说话，哪怕是你对我生气的时候也不能发火。"德米安解释道。

妈妈心里一阵内疚。"是的，"她说，"我有时会生气，对你大喊大叫。这样做很不好，我会努力学习和你好好讲话的。"

事实上，妈妈和儿子都在学习一种技能，这使他们可以成为彼此的支持者。当谈到他们如何在需要的时候相互提醒时，德米安看着妈妈说："如果你忘记了自己的技能，又开始对我大喊大叫，我可以用手势来提醒你。"

"这是个好主意，"妈妈说，"你用什么手势呢？"妈妈想知道。

"我可以给你做这个手势，"德米安说着，把双手移到胸前，用两只手的手指比成心形，"它的意思是'我爱你'！"妈妈被儿子的感人提议打动，欣然同意。

温和提醒法背后的逻辑是，如果当事人（无论是儿童还是成年人）自己给出一个建议，允许其他人用某种特定的方式提醒自己正在学习的技能，他自己就应该不会对这样的提醒方式感到恼火；相反，他会更有可能做出积极的回应。

当你想要跟孩子讨论如何温和地提醒他时，不妨用下面这段话来开启你们的对话：

你已经很擅长 _____ 了，但有时还是会忘记。如果我发现你忘记了，我可以给你一个提醒。你想让我怎么提醒呢？

温和提醒法的另一个好处是，如果你与孩子约定的提醒方式没有达到预期效果，你总是可以很方便地跟孩子继续展开对话。比如，你可以说："我试过几次用你建议的方式提醒你，但并不总是奏效。让我们试着再找到一个更好的方法做提醒暗号吧。你有什么建议呢？"

第五步：强化孩子的学习动机

"如果你的 ×× 考试能得到 A，我就奖励你 100 元。"这是很多家长对孩子说的一句话。家长们承诺，如果孩子成功了，就会奖励他们金钱、糖果或其他什么，以此激励孩子努力学习或提升成绩，这种做法并不罕见。用这种方式奖励孩子听起来很合理，但其实并不像人们想象得那么有效。我曾经读过一篇心理学领域的研究文章。研究人员向一组青少年承诺，如果这些学生能够在学期末成功把学习成绩提升到某个分数，会给他们一大笔钱。参与该研究项目的所有学生都渴望接受这一挑战，并且对完成任务充满信心。尽管对孩子们来说，这是一笔很有吸引力的钱，但在学期结束时，没有一个学生达成目标。研究人员得出的结论是，用金钱激励孩子并不能带来期望的结果。

许多当下流行的育儿方法都基于这样的想法，即通过巧妙设计且持续使用的奖惩机制以大大增强孩子改变行为的动机。技能思维则基于非常不同的动机理论，它不依赖奖惩机制，而是依靠合作。它通过使用各种策略，提高孩子学习技能的兴趣，激发他们的学习动机：从"让孩子给技能起名字"到"招募支持者"，从"魔法宝贝的帮助"到"庆祝孩子的成功和进步"。让我们一起好好地了解一下，技能教养法里使用的这一系列独特的激励策略吧。

口头称赞孩子

小孩子喜欢大人直截了当的口头称赞，比如："你真棒！""你做到了！""哇，你都学会这么多了！""我真为你骄傲！""你太厉害了！"这种直接称赞对孩子来说，表明你看到了他们的进步，你欣赏他们的努力。然而，随着孩子慢慢长大，他们会开始在成年人这类直接的赞美中感受到一种高高在上的态度。如果你窥探到了这样的蛛丝马迹，就要考虑使用下面讨论的其他选项了。

非语言的称赞

你可以用特定的手势、面部表情或双方同意的暗号来表达你对孩子的赞赏，而不是直截了当地称赞。例如，你可以向孩子竖起大拇指，击掌，或轻拍肩膀。一位经验丰富的青年领袖曾表示，如今大多数的青少年都对口头赞扬有些过敏，但他们对那种有心领神会感觉的称赞反应良好。

称赞孩子的努力

- 不错的尝试！

- 再试一次！

- 你尽力了！

- 下次会更好！

- 已经越来越好了！

- 很快就要完成了！

- 你太顽强了！

- 你不是个轻易放弃的人！

即使孩子在练习技能的过程中没有成功，你也应该考虑表扬孩子的努力："虽然还没有完全做到，但我们都能看到你已经尽力了。别担心，你很快会掌握的。"

当孩子意识到你不仅欣赏他们的成功，也欣赏他们的尝试和努力的时候，就会激励他们更加努力地继续尝试。

向其他人讲述孩子的进步

不直接当面称赞孩子，而是通过向其他人转述你对孩子的称赞或欣赏来表达对孩子的肯定。假设你是孩子的妈妈，正在跟你自己的母亲（孩子的外婆）通电话。你可以在电话里对她说："我跟你说过吗？苏苏已经学会吃蔬菜了！昨天她吃了她人生中的第一根胡萝卜，不是一小块哦，而是一整根胡萝卜呢！"如果你的女儿"偷听"到了你跟她外婆在电话里讲的这些话，肯定会很高兴，甚至可能比听到你直接对她说同样的话还要高兴。此外，外婆也可能会在后来某个时候把这个好消息反馈给你的女儿："我听你妈妈说，你吃了一整根胡萝卜。她特别高兴地告诉了我这件事，我也认为这是一个了不起的成就！"

向孩子请教

"我儿子表现好的时候，我会试着称赞他，但他一点儿也不喜欢我的称赞。他不但不高兴，反而很恼怒，跟我说不要再对他说这类的话了。"

我经常听到一些家长在问，为什么他们的孩子，通常是十几岁的青少年，但也可能是更小一些的孩子，不愿意接受父母对他们的称赞。如果你的孩子看起来不那么喜欢你的表扬，可以问问他们，希望你怎样称赞。"我发现你并不总是喜欢我称赞你的方式。可是当我看到你做得好的地方，就会为你感到骄傲，忍不住想用某种方式告诉你我的感觉，你希望我怎么做呢？你希望我怎样告诉你我为你骄傲呢？"孩子在学习技能的时候需要你的称赞和鼓励。如果你的称赞方式不适合他们，不妨向孩子请教，问问他们有什么好建议，让他们告诉你什么样的称赞方式更适合他们。

好奇孩子的进步

向孩子询问他们的成功和进步是一种文雅而有效的方式，可以确保他们感觉得到你对他们学习技能的欣赏。使用这个方法时，你没有直接表扬孩子，只是问一些问题，让孩子自己来解释他们的成就。"我看到你今天放学一回家就开始写作业。这太不容易了。你是怎么做到的？"

邀请孩子思考他们是如何表现出了所期待的行为，即给孩子传达一个信息——你很欣赏他们取得的成就。

策划庆祝活动

多年以前，在开发这个以学习技能为导向的方法帮助一组有特殊需求的儿童时，我们发现了一个可以让孩子为自己的进步感到自豪的做法。我们开始每周安排一次庆祝活动，在活动中提供一点儿饮料和蛋糕，一起庆祝小组中某个孩子掌握了某项技能。这个星期五，我们会庆祝一个过去穿衣服很慢的孩子学会了快速穿衣技能；下个星期五，我们会为另一个孩子安排庆祝活动，因为他学会了与其他小朋友围坐在同一张餐桌旁吃饭的技能。我们惊讶地看到，庆祝仪式对孩子们是多么重要。他们急切地等待着庆祝活动，毫无疑问，对庆祝活动的期待是孩子们学习技能的主要动力。

一位妈妈告诉我，她用了好几个星期的时间训练她 4 岁的女儿在自己的床上睡觉，都没有成功。她向女儿解释为什么学会睡在自己的床上很重要，并承诺给她礼物，这样的激励策略没有奏效。她偶然在电视上看到了介绍技能教养法的节目，虽然这种方法对她来说有些过于复杂，她还是记住了节目中讨论的一个步骤——与孩子一起策划学会技能后的庆祝活动。当她再次有机会跟女儿谈起这个话题时，她说："如果你能连续 7 个晚上成功地睡在自己的床上，我们就可以为你举办一个小小的派对，庆祝你的成就。"

令这位妈妈惊讶的是，她的女儿喜欢这个点子，她非常兴奋，认真地问道："我们可以邀请奶奶来吗？"她很高兴地与妈妈一起计划起即将到来的庆祝活动。当这位妈妈向我讲述这段经历时，她的女儿已经做到连续 4 天整夜睡在自己的床上了。

举办庆祝活动还为孩子们提供了一个机会，向所有以各种方式帮助和支持他们学习技能的支持者表示感谢。对支持者的帮助表达感激培养了孩子的感恩之心，加强了人与人之间的联结，并强化了孩子保持所学技能的动力。

乍看起来，这样的庆祝活动好像只是在表彰孩子们的成就。从某种意义上说，也确实如此。但我更愿意将这一环节视为一种仪式或成长礼，强化孩子的学习，改变人们对孩子的看法。庆祝活动是孩子不断成长、发展和走向成熟的道路上一个小小的里程碑。

下一个要学习的技能

孩子的一生是一个不断学习的过程。当孩子学会了一项技能后，就可以开始学习另外一项技能了。从掌握一项技能到开启一项技能的学习，给孩子带来莫大的骄傲，它表明孩子已经克服了一个挑战，准备好迎接下一个挑战了。

巧用证书

大多数孩子都喜欢得到徽章、奖牌，或其他什么表明他们已经掌握了某项技能的证书。对获得认可的期待增加了孩子学习技能的动机，让孩子更愿意付出努力。大多数孩子都喜欢听成年人跟他们说："当你学会这项技能的时候，就能得到一个这样的徽章，你可以把它戴在胸前。"或者说："等你学到这项技能的时候，就能得到这个证书，你可以把它贴在墙上。"

徽章和证书代表着一种荣誉，是赢得社会尊重和欣赏的象征。

* * *

到目前为止，你已经熟悉了技能教养法的基本原理；你知道如何将孩子的挑战转化为他可以学习的技能，并了解了许多激励孩子学习技能的方法；你甚至可以在冰箱门上贴一张纸，提醒自己有哪些指导方针，能帮助你将这些点子用到与孩子的日常互动中。现在，我将邀请你进入下一章的阅读。在这一章中，我将向你讲述一系列说明性的案例。这些案例都是一些鼓舞人心的真实故事，描述了来自世界各地的家长、老师和其他参与孩子养育的人是如何运用技能教养法，成功地帮助他们的孩子或学生克服了各种挑战。

第 **6** 章

技能教养法的故事

学习使用任何新方法的最好做法是，先观摩别人如何使用，然后再亲自尝试。如果没有观摩的机会，我觉得先听听别人的故事也是不错的选项，了解别人是如何使用该方法的，然后再亲自尝试。

本章收集了一些真实的案例故事，讲述了世界各地的人们是如何运用技能思维帮助不同年龄段的儿童克服了各种挑战，其中有很小的行为问题，也有很严重的心理问题。

这些年来，我听说过无数这样的故事。其中大多数的案例故事都是由参加过儿童技能教养法工作坊的人们撰写的，提交这样一份报告是获得"儿童技能教养法使者"认证的最后一步。

挑食的 4 岁女孩

琳达的妈妈参加了技能教养法的工作坊。回家后，妈妈向琳达介绍了她所学到的内容，问她是否愿意试试这种方法。琳达同意了，但又一时想不出要学什么技能。那天吃晚饭的时候，她有了一个想法。她告诉妈妈，自己想学"品尝新食物"的技能。琳达一直是个非常挑食的孩子，对不熟悉的食物充满怀疑。

琳达给这项技能起名为"太好吃了"。她觉得这是她需要学习的一项重要技能，因为她记得很多自己不敢品尝的新食物，别人都说特别好吃，让她感到很难过。琳达记得有那么几次，她勇敢地品尝了某种新食物，发现真的很好吃。

琳达让爸爸、妈妈、哥哥还有幼儿园的老师做自己的支持者。她选了《姆明山谷》（*Moomin Valley*）系列故事里面的嗅嗅（Sniff）做她的魔法宝贝——一个想象的助手。嗅嗅喜欢各种美食，还总是吃不饱。妈妈给琳达买了一套姆明牌的新餐具：一个盘子、一个马克杯和一个勺子，上面都印有嗅嗅的图画。

每当家里有客人来访，琳达都会急切地把她学习技能的事告诉他们，并且向他们展示她敢品尝餐桌上任何食物的能力。她还让她的爸爸妈妈从超市买一些她以前没有吃过的食物，比如各种风味的酸奶和水果。

为了让爸爸妈妈帮助她记得自己要学习的技能，他们达成了一个约定，用"太好吃了"作为提醒或鼓励的暗号。琳达的学习积极性很高，她勇敢地品尝了很多新口味。

琳达的进步很快，几乎没有出现任何退步。不过，如果新食品的样子看上去有点儿"吓人"，她就显得有些迟疑。这时只要有人说出"太好吃了"这个暗号，就能鼓励到她。对琳达来说，甜味的食品比较容易，但遇到咸味的食品，她就需要更多的鼓励。她在训练期间品尝了几十种新口味。梨子口味的酸奶、柑橘和菠菜汤成了她的新宠。橄榄、蓝纹奶酪和卷心菜汤她还是不太能接受，但即使是这些不太喜欢的东西，琳达也会偶尔品尝一下。

技能学习进行得很顺利，过了大约一个月，全家人就一起为琳达的进步举行了一个美食聚会作为庆祝。聚会上，琳达给她的支持者们端来各种美食，有些还是全新口味的美食。作为感谢，琳达给每位支持者画了一张画，画的是每个人最爱的美食。

琳达的两个哥哥都是琳达的支持者。在琳达的鼓励下，他们也学会了品尝一些新的和不熟悉的食物。琳达还成功地让妈妈也跟着她尝试了橄榄的味道。一起品尝橄榄的时候，一家人挤眉弄眼地笑成一团。

学习"太好吃了"技能的过程是这么有趣，还没有结束这项技能的学习，琳达就想开始另一项技能的学习了。她已经想好了，学会下一项技能后，要举办一个公主派对作为庆祝。

挑食并拒绝如厕的 5 岁男孩

艾伦因为语言发育迟缓在接受语言矫正治疗，但是他还有一些其他问题。其中一个问题就是挑食，每次吃饭对他来说都像是一场战役。因为太过挑食，进食太少，艾伦常常饿肚子，情绪也很不稳定，总是叽叽歪歪地闹情绪。在幼儿园，艾伦拒绝到餐桌上跟大家一起吃饭。每次到了午饭时间，他就想办法藏到门后。桌子上的饭菜不收拾干净，他绝不出来。因为吃饭太少，消化动力不足，所以他总是便秘，肚子痛。又因为便秘，他不愿意去上厕所，结果常常拉到裤子里面。

艾伦的言语治疗师跟幼儿园的老师们聚到一起商量，想用技能教养法帮助他。大家一致同意，艾伦要学习的第一项技能是跟其他孩子一起在餐桌上吃饭。这对艾伦来说是一项很大的技能，老师们决定将其分为几小步来完成。艾伦的第一步是要学着跟其他孩子一起摆桌子。

艾伦很快学会了跟大家一起摆桌子，并因此受到了治疗师、老师和爸爸妈妈的称赞。他的下一小步是学会在午餐的时候跟其他孩子一起围坐到餐桌边上，什么都不用吃。当他做到这一步的时候，就开始学习给自己盛一些食物放在盘子里，即使不吃也没关系。就这样，艾伦一点儿一点儿地进步着，很快他就学会和其他孩子一起吃饭的技能了。

用技能教养法解决了挑食的问题后，艾伦的父母向言语治疗师提出了他们的另一个担心，就是上厕所的问题。他们坐下来跟艾伦一起探讨，建议艾伦学习"有规律地坐马桶"的技能。艾伦表示同意。他明白，如果他能够学会"有规律地坐马桶"，不仅爸爸妈妈会为他高兴，他还能避免肚子疼，在幼儿园里也会更开心。

当被问及想要谁来支持他的时候，艾伦说出了爸爸、妈妈、奶奶和言语治疗师的名字。至于支持他学习技能的魔法宝贝，艾伦说，他想要他最喜欢的乐高玩具里的角色尼尼王（Poop-King）来做他的魔法宝贝。妈妈答应艾伦，等他学会了有规律地坐马桶时，就给他买。

艾伦每天都会练习有规律地坐在马桶上。为了鼓励他，妈妈会坐在离他很近的地方陪着他。只要他能在马桶上坐一会儿，不管有没有成功，妈妈都会慷慨地称赞他的努力。

只用了几个星期，艾伦就学会了在厕所排便的技能。妈妈遵守承诺，给他买了尼尼王（Poop-King）玩具。艾伦自豪地把这个礼物展示给他的每一位支持者。他是如此地为自己的成就感到骄傲，急切地想把他学会的技能教给别人。"你看！如果你能学会坐在马桶上排便便，也能得到这样一个乐高玩具。"有一次妈妈听到艾伦跟他 2 岁的表妹这样说。

总是尿裤子的 6 岁男孩

6 岁的桑尼几乎每天都尿湿他的裤子。他精力旺盛，十分好动，玩起来根本没工夫儿理会上厕所这回事。他的双胞胎兄弟华特就常常取笑他，管他叫"尿包—桑尼"。

桑尼的爸爸妈妈建议他学习"玩耍的时候不时地停下来看看是否想尿尿"的技能。因为桑尼和华特整天都在一起玩耍，所以这个学习计划是为他们俩一起设计的，他们需要"每过一会儿，就一起停下来"，看看是否需要去厕所。要是桑尼学会了上厕所，华特也就不用忍受这个一天到晚尿裤子的双胞胎兄弟臭兮兮的味道了。

两个男孩都想给技能起名字，桑尼把这项技能叫作"裤子里的蚂蚁"，华特称之为"小树"——一款汽车里使用的非常知名的清新剂品牌的名字。桑尼的支持者是妈妈、爸爸、华特、大哥哥（华特和桑尼都特别崇拜他们的大哥哥）、爷爷、奶奶，还有姑姑汉娜以及姑姑家的两个比他们大几岁的小姐姐。至于魔法宝贝，桑尼选了蜘蛛侠，因为桑尼是蜘蛛侠的超级粉丝，他特别喜欢穿上蜘蛛侠的外套，把自己扮成蜘蛛侠的样子。

桑尼想要在学会技能以后办一个化装舞会。两个男孩都为这个想法雀跃不已，打算在舞会上穿上蜘蛛侠的服装好好地扮一把酷。

桑尼在华特和大哥哥的支持下努力地练习他的技能。他经常在吃早饭的时候谈起这件事，建议他们俩今天应该在什么时间停下来，怎么停下来。姑姑汉娜给桑尼做了一个"裤子里的蚂蚁"的技能海报，只要桑尼做到了"今天按约定停下来多次"，无论当天有没有尿湿裤子，都可以在海报上给自己贴一个小星星贴纸。这个贴纸的目的是鼓励桑尼练习技能，只要做到"停下来多次"就可以得到小星星。

仅用了两周的时间，桑尼就学会了"停下来上厕所"的技能，并且还能连续几天保持裤子干爽。到了举办期待已久的庆祝活动时，所有的支持者都穿上了各种奇装异服出现在桑尼的庆祝会上。特别让大家意外的是，一辈子中规中矩的奶奶，也从服装店里租了一套小兔子的服装，扮起了小兔子。姑姑汉娜烤制了一个蜘蛛侠的蛋糕带到庆祝会上，桑尼的大哥哥还让桑尼坐在他的新摩托车上，带他出去兜了一圈。

桑尼的成功带来了涟漪效应。比如，华特宣布他要学习戒掉安抚奶嘴，姑姑汉娜也利用技能教养法的原理，制定出一套适合自己的戒烟法。

拒绝使用助听器的 7 岁男孩

乔有轻微的听力障碍，最近得到了一副上课时使用的助听器。问题是，乔不习惯这个助听器，在学校上课时总是忍不住把它摘下来。这种行为太糟糕了，因为一个人必须整天戴着助听器才能慢慢适应它。另外，如果他上课不戴助听器，就听不到老师的讲话，他就会不自觉地开始干扰课堂。

当被问及为什么总是摘下助听器时，乔说："我也不知道。我就是忍不住，好像自动发生一样。"乔的听力矫正师决定用技能教养法帮助他习惯助听器，学会一整天佩戴助听器的技能。

听力矫正师邀请乔和他的父母一起见了面，他首先询问了乔的技能、爱好和天赋。乔喜欢足球，球技不错，关于足球懂得挺多。比如，他能够说出所有巴塞罗那足球队的队员名字。当听力矫正师问他，需要在哪方面变得再好一些时，乔说他想学会适应整天戴着助听器而不随便取下来。他知道这是他需要学习的一项重要技能。整天佩戴助听器可以让他听清楚老师在说什么，爸爸妈妈就不用太担心他。他的学习成绩可能会提高，也不用总是被要求坐到最前排了。

"让我们给你的技能起个名字吧，"听力矫正师说，"你想怎么称呼它呢？"

不出所料，乔想用他最喜欢的足球明星的名字"梅西"来命名他的技能。他想请爸爸、妈妈、体育老师和班里的一位同学做他的支持者。至于魔法宝贝，他想到了超人，因为超人有超级听力，能够在很远的地方就听到求助者的哭声。

听力矫正师提议给乔准备一个证书，等他学会了这项技能的时候可以颁发给他。但是乔对证书没有兴趣，他更想要一个奖杯，就像世界杯足球赛的冠军队获得的奖杯一样。乔的爸爸妈妈觉得这个点子不错，同意等他学会技能的时候为他定做一个纸质的金奖杯。他们花了很长时间讨论庆祝会的细节。

"如果你的同学和老师看到你把助听器从耳朵里取了下来，你希望他们怎么提醒你呢？"听力矫正师问。

乔说，他希望他们悄悄地对他耳语"梅西"这个词。

会议结束后，乔的爸爸妈妈给乔买了一顶上面印有超人形象的棒球帽。乔特别开心，他很喜欢这个超人帽。为了能够记住这项新技能，他每天都戴着这顶帽子去上学。乔的爸爸妈妈还帮助乔想出了一个练习技能的游戏。他们给乔准备了一个记事本，让乔记下自己的进步。每当乔在连续戴助听器的时间上创造新纪录的时候，爸爸妈妈就会大大地称赞他。

在学校，他的同学看到他戴的超人帽很是新奇。他解释说，这是他的爸妈给他买的，为的是提醒他在学校记得戴上助听器听课。这让同学们都好奇有关听力障碍和助听器的问题。乔无法回答同学们的所有问题，他的爸妈建议他跟老师申请安排一个专题讲座，邀请听力矫正师跟他一起向全班同学讲讲这方面的问题。

专题讲座进行得非常顺利，超出预期的成功。同学们听得特别认真，把乔当成专家一样，纷纷表示愿意支持他学习这项技能。乔的脸上绽放着骄傲的光芒，尤其是在说到一些连老师以前都不曾了解的事情时。听力矫正师还带来了模拟助听器的设备，让同学们依次轮流体验，感受戴上助听器的感觉，大家对乔的状况多了一分发自内心的体谅。

讲座结束后不久，乔就掌握了他的"梅西"技能，还按照事前的计划做了庆祝。乔亲手用纸板做了一些感谢奖牌。在庆祝会上，他感谢了他的支持者，并把这些奖牌一一挂在了支持者的脖子上。

害怕狗狗的 7 岁男孩

7 岁的山姆特别怕狗。每当有同学邀请他去参加生日派对，他都需要先问问人家有没有狗，如果有狗，他都只能婉拒。山姆的妈妈从技能教养法的工作坊回家后，兴奋地跟山姆提议用技能教养法来试试，看看能否帮助他克服对狗狗的恐惧。山姆很愿意尝试，因为他知道，克服对狗狗的恐惧可以给他带来很多的好处，他可以无忧无虑地参加朋友们的生日派对；能够经常开开心心地去表兄家里玩耍，不再害怕他们家的两只小狗狗。

"你需要学习什么技能才能克服对狗狗的恐惧呢？"妈妈问山姆。

"我需要学习允许狗狗靠近我，闻一闻我。"山姆回答道。妈妈很惊讶儿子的这个回答，这孩子好像天生就会"把问题转换为技能"。

山姆想让他的妈妈、爸爸、爷爷、奶奶，还有住在马路对面的两个经常一起玩耍的女孩做他的支持者。他把这项技能称为"狗狗技能"。当妈妈问山姆学到了这项技能或者克服了这种恐惧以后如何庆祝的时候，山姆说他想请他的所有支持者来到家里，跟他一起分享他最喜欢的食物——奶奶做的胡萝卜蛋糕。

山姆急切地盼望开始练习他的技能。第二天，当他看到窗外远处有邻居正牵着狗狗向房子这边走来的时候，立刻喊道："妈妈，快点儿来！"

"你想去哪儿？"妈妈问道。

"邻居正在遛狗呢，我想要练习我的技能。"

他们一起走出家门，迎着狗狗和牵着它的主人走过去。山姆找到了一个把自己蜷缩起来的姿势，用手遮住自己的脸，蹲下来等着狗狗走近闻一闻他。那只狗经过他的旁边时，果真凑过来闻了闻他，然后毫无兴趣地跟着它的主人走开了。

"哇！你做到了！真棒，山姆！"妈妈称赞道。

"是的，我知道！"山姆一脸骄傲地看着妈妈，"我们快去给奶奶打个电话告诉她吧！"山姆迫不及待地冲回家里给奶奶打电话，分享了他的成功。不用说，奶奶也大大地称赞了山姆。

就这样练习了一两周，山姆完全克服了对狗狗的恐惧。按照计划，大家为山姆举办了一个他想要的庆祝会。庆祝会过后的某一天，山姆的妈妈注意到，山姆在用一个小玩偶教3岁的小弟弟学习这项技能。

"假装这是一只狗狗，"山姆跟弟弟解释，"让它这样凑过来闻一闻你，你一点儿也不用害怕。慢慢就习惯了，你就不再害怕狗狗了。"

　　妈妈说，山姆看起来特别渴望把他的新技能分享给别人，其实他的小弟弟从来都没有害怕过狗，这一幕真是太有趣了。

咬指甲的 7 岁男孩

丹的妈妈受到儿童技能教养法的启发，想在儿子的身上试试这种方法。她跟儿子解释了这种"通过学习技能来克服问题"的方法，问儿子有没有什么需要用技能教养法解决的问题。

"我没有什么问题。"丹回复他的妈妈。

"你不需要有问题，"妈妈解释道，"我们只需要找到一项你想学习的技能就可以。"

"哦，"丹说，"要是那样的话，我想学习停止咬指甲。"

"这是个不错的主意，丹！"妈妈说，"可是你需要学习什么技能才能停止咬指甲呢？"

他们一起就这个问题展开了讨论，得出的结论是，丹需要学习"好好照顾自己的指甲"的技能。

"你想要一个魔法宝贝帮助你好好照顾指甲吗？"妈妈问道。丹的眼睛一下子亮了起来，用一个小动物做他的魔法宝贝真是一个有趣的点子。他想到了好几个小动物，经过筛选，决定用变色龙做自己的魔法宝贝，这是他最喜欢的绘本故事里的一个卡通角色。丹拿起笔画了一只变色龙。他一边画画，一边给技能想好了名字：弗里克（Flick）——这是绘本书里那只变色龙的名字。

妈妈问丹，学会了这项技能想要怎么庆祝，他稍加思索就说出了自己的愿望。他想要在家里办一个庆祝会，邀请所有的支持者，还有他的叔叔婶婶来参加。他想要请大家一起吃蛋糕，还想要大家一起玩桌游。

丹选了妈妈、爸爸、外祖父母和他的两个哥哥做他的支持者。妈妈跟他一起给所有的支持者写了一封信，上面写道："亲爱的支持者，我需要你支持我学习'好好照顾自己的指甲'的技能。如果你有时看到我忘记了这项技能，可以跟我说一声'弗里克'来提醒我。等我掌握了这项技能的时候，会邀请你来参加我的庆祝会，希望你能出席。"

"我在想，我们怎么能找到一种方法让你练习这项技能呢？"妈妈说，"你要怎样做才算是好好照顾了指甲呢？"

丹解释说，他觉得对他来说最难以控制的时候，是需要在规定时间内完成一些事情的时候，比如，要求他在 5 分钟内完成一组算术题这类时候。根据这一观察，丹和妈妈一起设计了一个小练习。妈妈给丹出了一套题，让他在规定的时间内完成，但是不能咬指甲。妈妈用手机拍下了丹在这段时间内的表现。从视频中可以明显看出，丹在完成任务的过程中努力地保持着自己的技能。尽管有好几次他都把手指放在了嘴边，但最后都成功地克制住了，没有咬指甲。

丹决定每天都要像视频中记录的那样练习自己的技能。他打算把变色龙的照片贴在家中的书桌边上，这样他就可以通过偶尔看一眼照片来提醒自己的技能了。丹还另外画了一张变色龙的小小画放在自己的铅笔盒里，上学的时候带在身边。上课时他把铅笔盒摆放在桌子上，就能提醒自己要学的技能。

除此之外，妈妈还帮助丹制作了一张海报。海报的中心是一张百宝箱的图片。他们的想法是，等妈妈给丹剪指甲的时候，就把那些碎指甲收集起来，粘在海报的百宝箱上。

当丹和妈妈把这个计划告诉家里的其他成员，并且给他们看了邀请信和海报时，大家都表示愿意支持丹学习这项技能。每个人都被丹学习技能的计划所打动，也都想学习一项新技能，并找到自己的魔法宝贝来支持自己学习技能。

一周后的一天，丹骄傲地伸出自己的手指给妈妈看：他已经成功地长出 4 个指甲了！他让妈妈用指甲剪剪短了这 4 个指甲，并把剪下的指甲碎片粘在了海报中间的百宝箱上。

"你已经成功地长出 4 个指甲了！"妈妈说，"我相信你肯定还能长出更多的指甲！你觉得呢？你有信心吗？"

"当然！我肯定可以。因为我很聪明，还有很厉害的想象力！"丹大声地说道。

在妈妈为丹剪了三次指甲之后，他们按照计划举办了庆祝会。当被问及下一步想学习什么技能的时候，丹提到了他自己的另外一个坏习惯：他总是习惯性地用手指缠绕自己的头发，尤其是在需要全神贯注做某件事的时候。由于这个坏习惯，他头上某一侧的一片头发已经快被拽秃了。丹决心像改掉咬指甲的毛病一样，用同样的方法来改掉这个坏习惯。

自卑的 8 岁女孩

阿曼达是个非常自卑的女孩，她觉得自己一无是处，认为自己从来没有做成过任何事。课间休息的时候，她对其他同学很粗鲁，经常骂人，跟小伙伴起冲突。老师和家长因为这些事已经跟阿曼达谈过很多次了，但是一点儿用都没有。学校也多次给她警告，甚至为她对同学的无礼举动处罚过她，但这些处罚和警告对她都没有什么影响。

阿曼达的班主任对技能教养法很感兴趣，想在阿曼达身上试试。一天放学后，她请阿曼达留下，跟她进行了一对一的谈话。

"阿曼达，我希望你学习一项对你很重要的技能。"老师说出这句话的时候，阿曼达抬眼看着老师。"我想让你学着留意你自己做成功的一些事。这是我送给你的一个小小日记本，我想要你每天在上面写点儿什么。你每天写一件好事就行，可以是一件很小的事，只要是觉得自己做得不错的，或者是成功的事。"老师不确定阿曼达是否能理解她要学的技能是什么，但她还是成功地让阿曼达给"关注自己的小小成功"的技能起了一个名字。阿曼达把这项技能叫"公主技能"，因为她特别羡慕那些少女偶像、公主和任何看上去很淑女、很可爱的东西。

练习"公主技能"对阿曼达来说非常不容易。第二天放学时，老师见到了阿曼达，想看看她在日记中写了什么。结果阿曼达什么"成功事件"都没有发现。老师意识到，这个作业对阿曼达来说也许太难了一些，她可能需要一些帮助才能完成。于是，老师和阿曼达一起坐下来回顾了她的一整天，找出了一些可以被视为"小小成功"的事。然而，到了第二天还是一样，阿曼达仍然没有发现自己有任何成功事件，所以日记本里的那一页依然空着。老师又一次坐下来帮助她回顾了这一天发生的事，找到了一些可以写进日记本里的内容。花了整整一周的时间，阿曼达才开始掌握窍门，终于能够在没有老师帮助的情况下完成作业了。她开始能够自主地在日记本里记录一些积极的事情了。

阿曼达的进步很缓慢。但是在这个项目开始后不久，老师就从阿曼达的一些同学那里听说，他们注意到了阿曼达的一些变化。有的同学说，阿曼达在课间休息时有笑容了，她恶言相向的行为已经大大减少了。

阿曼达在老师的支持下坚持写了三个星期的"公主日记"。每当她设法在日记中写下几行文字来描述自己的成功事例时，老师都会给她一张好看的粘贴。阿曼达用从老师那里得到的粘贴装饰着她的公主日记本。几周后，他们都认为阿曼达已经掌握了这项"公主技能"。

后来，当阿曼达的老师问她是否还有其他想要学习的技能时，她说她想学习称赞其他同学，向老师讲述同学们的好话。她已经给这项技能起好了名字，叫"女王技能"。

阿曼达显然很喜欢技能教养法的理念。第二年，当阿曼达转到另外一个学校读书的时候，新任老师给前任班主任打来电话，询问："阿曼达一直说要学习一项新技能，这是什么意思？"新任老师说，阿曼达已经给她的新技能起好了名字，叫作"辛迪技能"。

爱说脏话的 8 岁男孩

亚当由于注意力和冲动方面的问题被转介到家庭治疗诊所进行评估，他被诊断为注意缺陷多动障碍（ADHD）[①]。除了有很多其他问题，亚当还因为总是骂人、说脏话而在学校受到批评。他的妈妈很担心他说脏话的问题，但是无论跟他好好讲道理还是严厉斥责，亚当的行为都没有丝毫改变。亚当并不为自己的脏话感到骄傲，但他觉得自己控制不住，没有办法。

亚当的妈妈决定跟治疗师谈谈他的骂人问题。这位跟亚当经常见面的治疗师很喜欢技能教养法，她建议尝试用这种方法帮助亚当放弃他的攻击性语言。

她问亚当："当你生气的时候，可以用什么词来代替说脏话？"

"我可以说'泰迪'。"亚当建议。

"这是个很棒的主意！"治疗师说，"你可以养成一个习惯，每当有什么事情让你感到恼火的时候，你就喊'泰迪熊'。"

亚当对泰迪熊超级着迷，所以他把这项技能称为"泰迪熊技能"也就不足为奇了。当治疗师问他停止说脏话、拥有"泰迪熊技

---

① 注意缺陷多动障碍（Attention Deficit Hyperactivity Disorder，ADHD）又称"多动症"，是一种与同龄儿童相比有明显的注意力集中困难、注意持续时间短暂及活动过度或冲动为主要特征的精神障碍。

能"对他有什么好处时，他说："老师和妈妈就不会经常生我的气了。""是啊。老师和妈妈就会更喜欢你，你们在一起会开心，对吗？"治疗师试着把亚当的负面描述稍做反转。

亚当想用他最喜欢的泰迪熊做他的魔法宝贝，支持他学习这项技能。治疗师问："你的泰迪熊能怎么帮助你记住说'泰迪熊'而不讲脏话呢？"这个问题引发了一场讨论，他们一起碰撞出了好几个有用的点子。比如，可以把这只泰迪熊放在亚当的床上，提醒亚当在家里的时候记得"泰迪熊技能"；从画报上剪下一张泰迪熊的照片，用胶带贴在教室的书桌翻盖上，帮助亚当在学校记得这项技能。

除了治疗师，亚当的支持者还包括他的妈妈、老师以及住在另一个城市的爸爸。此外，他们还通知了外婆。但因为外婆住在很远的地方，能够给予的支持很有限。治疗师建议亚当邀请几个同学来做他的支持者，但亚当不太愿意。治疗师觉得，他不太想邀请小伙伴参与他的项目，说明他对自己的坏习惯感到有些难为情。

最初的时候，亚当热切地练习着他的"泰迪熊技能"，每次看到他能设法用"泰迪熊"代替脏话的时候，支持者们都会称赞他。亚当很喜欢派对。当他得知学会了这项技能后，可以用某种方式庆祝自己的成功时，变得非常兴奋。不出所料，亚当想办一个用泰迪熊做主题的庆祝活动：用泰迪软糖招待客人，一起玩一个叫作"泰迪尾巴"的游戏，即参与游戏的人要蒙上眼睛，试着把泰迪熊的尾巴贴到泰迪熊照片的正确位置上。

让亚当完全不说脏话似乎是一个不现实的目标，妈妈和治疗师认为，哪怕只是大幅地减少脏话也是值得庆祝的。亚当在治疗师和妈妈的帮助下，用角色扮演的方式在诊所和家里练习他的"泰迪熊技能"。角色扮演时，他们想出各种激怒亚当的场景，让亚当假装被激怒了，但是不说脏话，而是用"泰迪"或"泰迪熊"来修饰自己的表达。亚当很喜欢这个游戏，所以玩起来还是挺容易的。

这个过程中，亚当经历了多次的反复，但技能教养法让他的支持者可以用不同的方式重建与他的联结。当亚当在家里忘记了自己的技能，开始大声说脏话的时候，妈妈会把亚当的魔法宝贝泰迪熊拿在手里，给他看看，以此提醒他的"泰迪熊技能"。在学校里，泰迪熊的照片也起到了类似的作用。遇到亚当情绪不对的时候，老师也什么都不说，只是看着亚当，用手简单地指着泰迪熊的图片。

亚当的脏话逐渐减少到可以举办庆祝会的程度了。他也成功地收集了一系列的泰迪熊贴纸，这些贴纸都是在他成功地做到用"泰迪熊"代替脏话时，妈妈送给他的。

庆祝会如期成功举办。在给每个人分完蛋糕后，亚当感谢了妈妈和治疗师对他的支持。当治疗师问他下一步想学什么技能时，亚当说他的妈妈有一个坏习惯，有时候会把其他司机叫"白痴"，所以他建议妈妈学习用"香肠"代替"白痴"一词的技能。妈妈同意了亚当的提议，亚当答应提醒她在路上开车的时候记得用"香肠"代替"白痴"。

　　妈妈这边也有另外一个建议。她告诉治疗师，亚当还有一个坏习惯，就是晚上醒来会爬到她的床上。这对她来说是个问题，因为被弄醒后，她通常都很难再次入睡。亚当理解他的妈妈需要睡个好觉，但是他不想学习在自己床上睡一整夜觉的技能。不过，他同意在妈妈的卧室地板上放一张床垫的方案。他会学着进到妈妈的房间后躺在床垫上接着睡，而不爬到妈妈的床上打扰妈妈。

有专注力问题的 9 岁男孩

汤姆因为缺乏自制力、有冲动行为而被一直放在一个特殊的小班里。他的问题之一是，脑子里冒出什么念头就会不分场合地大声说出来。一旦他开始讲话，想要打断他或者让他停下来就是一件特别困难的事。他的这种行为让其他同学感到很烦，招致了很多的争吵或冲突。

他的另外一个问题是，很难专心地听老师讲课。他脑子里的想法会一个接一个地冒出来，所以常常听不到老师在讲什么。如果老师或者其他助理老师试图跟他沟通，问他是否听见了老师刚才的讲话，他就非常容易变得不耐烦，嫌老师打扰了他。

汤姆的第三个问题是，他受不了老师或者助理老师关心他的作业问题。如果他们试着询问他完成课堂作业的情况，他就会立刻发作，对老师或助理老师讲粗话。有时候哪怕只是站在离他比较近的地方观察他做作业的情况，只要他当时感觉不需要帮助，就会感到很烦。

这个特殊班级里的所有孩子都在老师的指导下学习技能。汤姆学的第一项技能是"便签技能"。学习这项技能是为了帮助他克服上课时随时大喊大叫的坏习惯。他在自己的笔记本里写道：

"我学习的技能是，如果我在课堂上想起了什么重要的事，想要立刻说出来的时候，要学着把它写到便签上，而不是喊出来。下课后我再找到老师，把这些想法告诉她。这样，即使当时不立刻说出来，我也不会感到紧张，因为我已经记到了纸条上，就不会忘记了。看到我写下这么多纸条，我自己也很惊讶。同学们说，我的技能让整个班级安静了很多。我注意到，以前我的讲话很多都是跟电子产品有关，跟上课的内容一点儿关系都没有。现在，我把这些不相关的想法放到一边以后，能更好地专注课堂上的内容了。而且，我发现我根本不需要课后去找老师说出我的这些想法，我为自己写下来就够了。我也很享受下课后独自阅读自己在课上随时记下来的这些便签。"

汤姆学的第二项技能跟他无法跟随老师的指示有关。他把这项技能叫作"机器人技能"。也就是说，当老师给学生们下达指示的时候，会问一问汤姆是否听到和听懂了。要是听到了，汤姆就要学着用机器人的语调回复老师："指—令—收—到！"这样可以帮助老师了解汤姆的状态。就像你能猜想到的，汤姆特别喜欢机器人，他觉得能够学着用机器人的语调说话特别好玩。所以一到上课，他就急不可耐地等待老师的指示了。

汤姆学的第三项技能叫作"帮助技能"。这项技能跟他不愿意接受大人的帮助有关。他跟老师一起找到了一个好办法来练习这项技能。他做了一张塑封的卡片，一面是黄色，一面是绿色。黄色的一面写着"请帮助我",绿色的一面写着"谢谢!我现在不需要帮助"。汤姆把这张卡片放在课桌的一角。老师或者助理老师离得很远就能了解汤姆的情况,而不需要走到他近前,查看他的作业完成情况。借助这张卡片,汤姆能够用得体的或可以接受的方式请求帮助,或拒绝帮助。

汤姆在学校里学习了很多技能,取得了相当显著的进步。两年后,他就从这个特殊班级转回到了普通班级里。

容易情绪崩溃的 9 岁男孩

马可非常容易情绪崩溃，或者大发脾气。意思是他有个坏习惯，即每当事情未能如他所愿时，他就会用一种不相称的极度情绪化的方式对失望做出反应。即使是很小的课堂上的挫折和日常挑战，对马可来说也是难以承受的，足以引发他的情绪崩溃。

马可的老师跟他进行了一对一的谈话。老师问他需要学习什么技能才能在学校更快乐。马可说他"不想感觉沮丧，也不想哭泣了"。他说，哭泣让他感到沮丧，而且一哭起来什么也做不了。

"那么，马可，告诉我你要学习什么才能让你不再感觉那么沮丧，不再哭泣？遇到难以处理的情况时，你需要学习做些什么不一样的事？"老师问道。对马可来说，这个问题实在不容易回答。想了好一阵子，在老师的帮助下，马可回答道，他需要学会遇到难以处理的情况时"寻求帮助"。为了寻求帮助，他需要学会举手，向老师示意他需要帮助。

"我觉得这是个不错的主意，马可。你肯定会从中受益。你想怎么称呼这项技能呢？我们可以给你要学习的这项技能起个什么名字？"

"求助技能！"马可说。

"有道理，"老师说，"'求助技能'可以帮助你把情绪崩溃的时候变成寻求支持的时候。我觉得这是一个很可爱的点子。也许，你还应该找一个超级英雄支持你学习这项技能，他可以在你想哭或者想大喊大叫的时候提醒你这项技能。你觉得呢？"

马可被这个想法吸引了。他从自己最喜欢的一款电脑游戏中，选择了一位冷静沉着的超级英雄作为自己的支持者，并熟练地用电脑制作了一幅画面：他的超级英雄举起一只手骄傲地站立着。他把这张图片贴在桌子上，提醒自己要学习的这项技能。

超级英雄确实对马可很有用，但更有用的是来自小伙伴的支持和帮助。班上所有的同学都愿意帮助马可，他们对于自己能够在支持马可学习技能的过程中发挥作用感到兴奋。因为大家知道，马可确实很难控制自己的情绪，他们相信马可一定能够从学习这项技能中获益。

马可花了好些时间才记得使用"求助技能"。虽然进展缓慢，但他的进步稳定。马可还想出了一个主意，即上课时坐在离老师近一些的地方。这样，他就更容易在需要的时候向老师寻求帮助。渐渐地，马可开始意识到，即使任务再艰巨，也不必大喊大叫，他可以举起手请求他人的支持和帮助。最重要的是，他不再因为自己的过度敏感而感到被孤立。现在，他的身边有了一群愿意帮助他的支持者。

马可意识到举手请求支持的做法很有效，老师也看到了马可的进步。每次成功地做到这一点，马可的脸上都写满了自豪和喜悦。他的自信心大大地提升了，头一次在课堂上独立完成了剪切和粘贴练习题的作业。为了庆祝他的进步，马可选择和同学们一起看电影。

老师也给予了马可积极的支持，不仅在他举起手寻求帮助时及时回应，还把他取得的点滴进步拍下来，通过电子邮件把照片发给家长，分享喜悦。

在报告这个故事的时候，马可的技能学习还在进行中。老师说，她为马可的进步感到骄傲。她每天都在提醒马可练习技能的重要性，她相信马可会继续学习一些对他有益的技能。

手足相争的 11 岁女孩

　　我的一个好朋友请我和戴安娜谈谈。这是一个可爱的女孩，也是我那位朋友四个女儿中最小的一个。我的朋友跟我说，她很担心戴安娜，因为她经常跟比自己大两岁的小姐姐吵架。那些争吵大多是口头上的，但偶尔也有动手打姐姐的情况。两个年龄稍长的大姐姐已经搬出去了，但是现在连圣诞节都不太愿意回家，因为她们很讨厌戴安娜的攻击行为，会忍不住对她的行为大喊大叫。

　　我来到他们家跟黛安娜做了交谈。我们先是聊了聊上学和交友等方面的事，然后谈到圣诞节的安排。我问她，她的两个姐姐今年是否会回家过圣诞节。她非常期待见到她们，想要拥抱她们。我又问了问家里大她两岁的小姐姐的情况。她说，她最喜欢这个小姐姐，她非常爱她，喜欢和她一起玩。

　　"你的小姐姐呢？她同意你的说法吗？"我问她。

　　"可能不会。"她说。

　　"怎么会是这样呢？"我问道。

　　"因为她觉得我不爱她。"

　　"为什么？"

　　"因为我一直在和她吵架。"

"你跟她吵架？怎么会呢？你刚才还说她是你最喜欢的姐姐呢。"

"我和她吵架是因为她总找我的碴儿。是她惹我。每次都是她挑衅我。"

"她挑衅你的时候，你是什么感觉？"

"我不喜欢啊。她笑话我。如果我听不懂她说什么，她就会对我很厌烦。"

"那你会怎么做？"

"我就会很生气，就想要跟她吵架。我觉得她看不起我。我讨厌做家里最小的孩子！"

"是啊。你是家里最小的，做家里的老小有时候很不容易呢。可是我们改变不了这一点啊，对吗？你觉得我们有什么可以改变的地方吗？"

"你能告诉她别再取笑我了，可以吗？"

"嗯，我可以试试看。但你觉得这么做有用吗？如果我让她停止取笑你，你认为她会停止挑衅你吗？"

"不会的。我觉得即使你告诉她不要这么做，她还是会做的。我妈妈跟她说过，让她不要这么做，但她还是这么做，没什么用。"

"我有个主意。我们一起找一项你可以学习的技能，怎么样？"

"什么样的技能？是让我变得更擅长跟她吵架吗？"

"我不觉得那是项好技能，那只会让你妈妈更难过。"

"那倒是。那么，你指的是什么技能？"

"学一项不感觉难过的回应技能，怎么样？我是说，要是你能够用一种不一样的方式回应'侮辱'，比如，只是对她笑笑，或者对她说点儿好话什么的，会发生什么呢？如果你能成功做到这一点，我猜每个人都会更开心一些。你说呢？"

"好吧。这会很有趣。我会让他们所有人都感到惊讶的。"

"你肯定会让每个人都感到惊讶的。但这不是一项容易学习的技能。你怎么能学会对她更有耐心呢？"

"我需要学会想好了再开口。"

"'想好了再开口'，哇，这个想法很聪明！那么，开口之前你要想些什么呢？"

"我需要想到，我说的话会对我姐姐产生什么影响。我需要说一些不会激怒或伤害她的话。"

113

"你的意思是说，你需要学习的是'三思而后行'的技能，我理解得对吗？"

"是的。我要学会三思而后行，学会深思熟虑后再做出反应。"

找到了这项要学习的技能后，我问她学习这项技能对她有什么好处。她随口说出了好几条。她说，她会感觉好些，不会对姐姐们那么生气了。她们会在餐桌上有更多的开怀大笑，而不是争吵。她的两个大姐姐也不再需要担心回家的事了。戴安娜说："如果我不生气，用微笑回应，她们也会对我更好。"

我让戴安娜给她的技能起个名字，但是她对这个点子不感兴趣。

"我不想给这项技能起什么特别的名字，"她说，"就是三思而后行呗。"

她想要她的妈妈做她的支持者。"我相信你妈妈会非常乐意支持你的，"我说，"因为她跟我说过，你是个很善于学习的女孩。她说，你们的空手道课上教授了一套高难度的招数，你是班里第一个学会的。"

然后我问戴安娜，要是学会了这项技能她想怎么庆祝。她再一次立刻拒绝了我，"我不想庆祝，这种事情没必要庆祝。"

"好吧，没必要庆祝，"我说，"但可不可以这样，下次我们见面的时候，如果你成功地掌握了这项技能，我们就去喝一杯热巧克力，只有我们两个人，行吗？"

"好的，这是个好主意！"她说，"我喜欢热巧克力。"

"你会让你的小姐姐知道你要学习的技能吗？"我问戴安娜。

"不，我不会的。我妈妈会知道，但我不想让我的小姐姐知道。如果她知道了，只会更多地取笑我。"

在结束谈话之前，我邀请戴安娜跟我一起做角色扮演的游戏，模拟各种易被激怒的情景，她必须向我展示她如何在那些情景下保持冷静、微笑，或说一些有趣的话。

大约一个月后，我又与戴安娜做了一次交谈。当我问到事情进展如何时，她说她很高兴，因为这段时间她和她的姐姐们一直没有怎么争吵。"我总是试着去想我有多爱她们，并想办法向她们表达我的爱。"听到这个好消息，我高兴极了，开心地邀请她喝了一杯美味的热巧克力。

一段时间后当我再次见到戴安娜的妈妈时，她告诉我，戴安娜的行为有了很大的变化。她学会了在餐桌上保持冷静，有时会开一些没有恶意的玩笑，她在家里的情绪总体上有了很大的改善。

注意力缺失的 12 岁男孩

华特被诊断患有多动症。他很难在课堂上保持专注，总是扰乱课堂秩序。有好几次老师都不得不把他送到校长办公室。华特其实很聪明，但他的学习成绩太差了。他的妈妈一直尝试利用晚上的时间帮助他完成家庭作业，有时需要花上好几个小时。

华特自己并不那么在意自己的"问题"。他认为自己"打扰课堂"也不总是坏事。他承认这样的行为确实给他上学带来麻烦，但也有好处啊。比如，他觉得极度活跃的特质能让他不停地生出很多超棒的点子，让他很受朋友们的欢迎。

辅导老师跟华特还有他的爸爸妈妈在学校进行了一次约谈。谈话主要围绕着这样一个问题展开：华特需要学习什么技能，才能让他的"注意力缺失"不至于给他在学校的生活带来麻烦。大家一起确定了三项技能：能停止做干扰课堂秩序的事，处罚结束后能安静地返回教室，课堂上除了老师不与其他人随意交谈。

"这三项重要技能，你想先学习哪一项？"辅导老师问华特。他选择了第三项技能，即上课时只跟老师讲话。

"关于学习在课堂上只跟老师讲话这项技能，你有多么相信自己能学会？要是在量表上从 1 到 10 分打分，你给自己的信心打几分呢？"辅导老师问。他说，6 分或 7 分吧。他看上去还是蛮有信心的呢。华特的爸爸妈妈也比较乐观。他们说，如果华特自己想学，就一定可以学会。

辅导老师请华特为这项技能起个名字，他拒绝了，因为他觉得给技能起名字的做法太幼稚了。他也不想选什么魔法宝贝或力量代表帮助他学习这项技能，因为对他来说这个点子也太幼稚了。不过，他非常喜欢探讨学习这项技能可以带的好处。老师在活动挂图上写下了他们提到的各种好处：华特和老师之间的关系会得到改善，他会取得更好的成绩，未来在大学或工作中会更有机会获得成功，最重要的是，他会变得更加自信。

华特想要他的父母、老师和两个同学做他的支持者。辅导老师帮助华特起草了一封给班主任的信，解释华特选择学习的技能，并请老师关注他的努力和进步。华特还打算与作为支持者的同学达成协议，请他们在上课的时候不要回答他的问题，用这样的方法帮助他学习这项技能。另外，华特允许辅导老师把他学习技能的事告知学校的另外两位老师。

辅导老师邀请华特和他的父母一起做角色扮演的游戏，让华特在游戏中展示出自己拥有这项技能的样子。游戏中，华特的爸爸妈妈试图分散华特的注意力，华特则努力地排除干扰，专心听辅导老师讲话。华特以优异的成绩通过了测试，受到了父母和辅导老师的称赞。

华特真的很有动力学习他的技能。那天回家后，他和爸爸妈妈一起为自己的技能做了一张海报。海报上描述了他正在学习的技能，并留出很多空间供华特的爸妈以及其他支持者在上面留言，写一些鼓励的话语。

"假如你的老师看到你忘记了技能，在课堂上开始与其他同学交谈，你希望她如何提醒你？"辅导老师问。

"她可以继续在教室里走来走去，在路过我身边的时候对我耳语几句就好。"

"好吧。那么，你想让她对你耳语什么呢？"辅导老师问。

"她可以对我说'回来吧'。"华特回答道。

这是跟华特一起达成的提醒约定。他们把这个建议添加到了华特给老师的信中。

在接下来的几周里，华特的老师向家长报告说，华特有了很大的进步，考试中取得了更好的成绩。在跟家长的交谈中，老师说华特现在变得比从前专心了，她对华特的未来充满信心。

在大家一致认为华特已经掌握了他的技能后，辅导老师给他颁发了一个证书。华特、爸爸、妈妈，还有他的两个支持者朋友一起约着去吃了比萨，庆祝华特取得的成就。华特在餐厅里感谢了两位朋友和爸爸妈妈对他的支持。

爱打断他人讲话的 12 岁女孩

萨拉有很多问题，超重、注意力缺乏，还总是跟小伙伴发生冲突。她被诊断为患有多动症，医生建议她吃药，但是被家长拒绝了。

萨拉的老师邀请萨拉跟她的爸爸妈妈一起到学校见个面，看看学校方面可以怎样配合，更好地支持萨拉的学习。老师已经提前向萨拉的爸爸妈妈解释了见面的意图，请他们想想萨拉需要学习什么技能才能更好地适应学校的生活。他们跟萨拉在家里就这个问题进行了讨论，妈妈在一张纸上潦草写下了一些也许会对萨拉有帮助的技能：不打断大人的讲话，在学校举手发言，善待有残疾的弟弟（萨拉有时会攻击身体有残疾的弟弟），课堂上在自己的座位上坐再长一点儿时间。

"这些都是萨拉需要学习的重要技能，"老师说，"我们需要决定从哪一项开始学习。"

萨拉的爸妈想了想，认为目前萨拉最需要学习的技能是"不打断大人的讲话"。萨拉也表示同意，她说："我知道我太没有耐心了。"

对于萨拉来说，找到这项技能的好处一点儿也不难："我的朋友会更尊重我，他们会更喜欢跟我在一起。我会交到更多的新朋友。我不会在学校被训斥，或者被送到走廊罚站。我会更好地听老师讲课，不会受到那么多的批评。"

老师建议萨拉给这项技能起个名字。萨拉想把这项技能叫作"等待铃声"。她解释说，通常打电话时，自动应答系统会让你进入等待状态，直到有人接听。在等待的时候，你就必须听系统播放的一些无聊的音乐，那就是"等待铃声"。

萨拉想要她的老师、父母、奶奶、姥姥、两个好朋友，还有舞蹈老师做她的支持者。她找到他们每一个人，请求他们的支持。每一个人都爽快地答应了。

老师问萨拉是否想要一个魔法宝贝帮助她，萨拉听得一头雾水，她不明白魔法宝贝是什么意思。老师解释说，魔法宝贝是一个能够给她带来额外的力量、支持她学习技能的卡通人物、动物，或者是想象中的生物。听到老师的解释，她立刻想到了某个品种的马。她想用这种马做她的魔法宝贝，因为这个品种的马以其耐心和温顺的性格闻名于世。

"这种马怎么能帮助你学习技能呢？"老师问。

萨拉解释道："我会把马的照片放在我的裤兜里。每当需要等待的时候，我都会把它从兜里拿出来，看着它，直到轮到我为止。"

"哇！这是个很棒的主意呢。"老师说，"但你怎么记得要这样做呢？"

"我会对自己说'停'，然后把照片从兜里拿出来。"

谈到学会技能如何庆祝的时候，萨拉特别兴奋。她一直渴望在他们家的院子里举办一个烧烤聚会。她想邀请所有的支持者和舞蹈班的小朋友来参加她的庭院烧烤聚会。

"你们觉得呢？"老师问她的父母，"你们觉得萨拉能做到吗？她能学会'等待铃声'的技能吗？"

"如果你愿意学的话，肯定能学会。"爸爸妈妈看着萨拉说，"因为你是我们的女儿，是一个意志坚定的女孩。"听到爸爸妈妈鼓励的话语，萨拉脸上绽放出一种自信的光彩。

"我觉得，如果让班里所有同学都知道你正在学习'等待铃声'的技能，应该是一件好事，你觉得呢？你愿意自己告诉大家，还是让我替你告诉大家呢？"萨拉说，她想让老师替她告知同学们。老师还建议在萨拉的课桌上放一个笔记本，班里的每个同学，包括萨拉自己，都可以在那个笔记本上写下他们观察到的萨拉的进步。萨拉很高兴地同意了。

令大家没有想到的是，萨拉很快就学会了这项技能。庭院烧烤庆祝会如期举行，大家一起庆祝萨拉的成功。当老师问她下一步想学什么技能时，她说她想学着把"等待铃声"技能用在其他方面，比如在舞蹈课上，与朋友相处中，甚至跟小弟弟相处的时候。

坏脾气的 12 岁女孩

下面的故事来自这个女孩的养父。

我们家领养孩子有 20 多年了。范妮是一个被诊断患有多动症和胎儿酒精综合征（FAS）的女孩，到现在她已经和我们一起生活 4 年了。之前，她被安置在另外一个家庭，但是不行。那对养父母不知道该如何跟她相处。

自从她进到我们家里，我们就在帮助她从非常低落的状态中慢慢恢复。我们全家人都在努力确保用积极的方式对待她，称赞她取得的任何成就，用正向的语言支持她，比如说："哇，你今天看起来真的很好！"或者说"你选的衣服真的很适合你呢。"因为她以前被很多领养家庭辜负过，所以我们知道赢得范妮的信任有多么重要。

范妮最大的问题是经常性的恶性情绪崩溃。任何让她不高兴的事情，都会令她失控。在情绪爆发的时候，她会躺在地板上不停地踢腿尖叫，还会用手狠掐自己和碰巧在她身边的任何人。如果有人试图干预，事情会变得更糟。所以，如果没有什么危险，我们就会看着她发作，耐心等待着，直到她筋疲力尽的时候自己停下来。

当我在一个周末的讲座里了解到儿童技能教养法的那些点子的时候，抑制不住地想要立刻回家一试。我给范妮打了一个电话，告诉她我今天过得有多么开心："我今天的收获实在是太大了！你想不到我这一天过得多么棒，你可能从来没有过像我这么棒的一天！"

"你输了！我今天过得比你棒！"正如我所预料的那样，范妮在电话里喊了起来。然后，她告诉我，她的今天有多么棒。

听完她的讲述，我大大地夸赞了她。然后跟她分享了我在这个周末学到的技能教养法，还跟她讲了几个孩子通过学习技能克服行为问题的事例。我非常清楚我想要范妮学习什么技能。根据我的理解，如果范妮想要避免情绪爆发，她需要学着察觉并说出自己的感受，告诉我们她为什么这么生气，这样我们就可以更好地帮助她应对失望的情绪了。

我跟范妮解释了我想让她学习的这项技能：生气的时候，找其他人诉说一下，让别人知道发生了什么以及她的感受。我跟她说，当我感到困惑的时候，或者发生了不喜欢的事情时，我也需要找人说出我的感受。她看上去似乎明白了我的意思。毕竟，这种恶性的情绪崩溃对她来说也是非常消耗的，更别说给全家带来的困扰了。范妮也认同我的建议，比起大哭大闹，生气时跟其他人谈谈自己的感受确实是更好的做法。

我们还谈论了学习这项技能的诸多好处：她可以避免因情绪崩溃而筋疲力尽，家里的每个人也会更开心，另外，我们还可以一起去一些以前不太敢去的有趣的地方。

我让范妮给技能起个名字，但她一时什么都想不出来。我问她，每次因为生气而感觉快要发作的时候她有什么样的感受，她想了想告诉我，她的脑袋里会有"呼呼呼"的声音。我们琢磨了一下，最后决定就叫它"呼呼呼技能"吧。

至于魔法宝贝，范妮选择了一个"面具"。这是她最喜欢的一部电影里面的男主角使用的面具，那部电影名字就叫"面具"（中文译名为"变相怪杰"）。她解释说，这部电影的主演是金·凯瑞，他会戴上这个面具呼呼呼地转起来。他一呼呼呼地转起来，就会展示出坚不可摧的力量，几乎无所不能。我没想到范妮的思维是如此充满创意。

范妮还邀请我、她的妈妈以及两个姐姐做她的支持者。她解释说，这是她第一次尝试用技能教养法，所以还不想要太多的人知道这件事。

我们全家人都愿意支持她。我们告诉她，我们知道她肯定能做到，因为她在跟我们一起生活的这段时间里已经取得了那么多的进步，她已经能做到许多她以前从未想过的事了。

范妮也很喜欢庆祝会的点子。她想在学会技能的时候，跟她的支持者一起去麦当劳聚餐作为庆祝。我想建议一起做一些更简单的事来庆祝，比如在家里玩半小时的 Xbox（电子游戏品牌）游戏，但是她不肯接受我的这个建议。

"爸爸，这是我的第一项技能，必须好好地庆祝一下。"

接着我们玩起了角色扮演的游戏，我们模拟起各种通常会令范妮失控的场景，范妮需要展现出良好的情绪控制能力，走到我的跟前告诉我，她的脑袋开始呼呼呼了。妈妈也加入了我们的游戏，她用摄像机拍下我们做游戏的一幕：我故意做出让范妮生气的事，她假装很生气，然后一边喊着"面具"，一边呼呼呼地旋转着走到妈妈跟前，告诉妈妈，爸爸做的事让她很生气，她不喜欢爸爸这么做。我则赶忙说道："对不起，我让你不开心了。"

我们努力保证每周都安排出一些时间玩几回这样的游戏。所幸的是，范妮还挺喜欢这个游戏的，她觉得很有趣。我们都极力称赞她多么善于用语言表达自己。我们全家都很享受用这种好玩的方式练习技能的过程。以前动不动就会出现的长达半小时的声嘶力竭的尖叫，被好玩的游戏和欢声笑语所取代。

我问她，如果我们有时候发现需要提醒她这项技能，她希望我们怎么提醒，范妮给出了一个特别有创意的做法："你们可以问我：'那个面具在哪儿？'"为了让我们记得用正确的方式提醒她，她还让我们跟着她看了好几遍电影《面具》。

我们跟范妮达成约定，如果她能够设法在四周里掌握这项新技能，我们就可以跟她一起去麦当劳聚餐庆祝。

范妮很享受技能教养法。她真是太喜欢这种方法了，以至于她很难安心先练好这项技能，总是冒出一个又一个的新想法，想用技能教养法开始学习另外的新技能。

过去的几年里，不知道有多少专家和经验丰富的人试图帮助范妮，这还是第一次有人试着用学习新技能的方式帮助她克服问题。技能教养法对这个一直被看成是麻烦精、捣蛋鬼和淘气包的小女孩产生了巨大的影响。第二年，当范妮升到六年级的时候，她还成为几个三年级学生的小导师，支持他们学习"呼呼呼技能"。

游戏上瘾的 14 岁男孩

西蒙曾经是个优秀的学生。但上个学期，他的成绩下滑了。他不再重视自己的个人卫生，睡眠也开始变得不好。有一回，妈妈甚至听到他在睡梦中尖叫着"杀了他们，杀了他们"。所有这些源于一件事：他严重地迷恋上了一款火爆的在线电子游戏——第一人称射击游戏（FPS）。因为西蒙迷恋游戏的问题，家里经常爆发激烈的争吵。有一次，当妈妈威胁要拔掉电脑插头的时候，他变得异常暴怒，甚至扬言，如果妈妈敢碰他的电脑他就会动手。

妈妈很无奈，预约了他们的家庭医生，请她和西蒙谈谈这个棘手的状况。在她大概解释了情况后，医生转向西蒙，询问有关电脑游戏的问题："这是一款什么游戏呀？你玩得好吗？你是怎么变得这么厉害的？你是自己玩还是跟团队在线上一起玩？这个游戏最吸引你的地方是什么？你能给我展示一些游戏场景的图片吗？"家庭医生很关注妈妈所担心的问题，同时也很好奇西蒙为什么如此迷恋这个游戏。

约谈快结束的时候，家庭医生开始思考，若要减少家庭里的争吵，让家庭恢复平和，西蒙需要培养哪些技能呢。因为一时间谁也没能提出更好的建议，医生跟妈妈和西蒙约定两周后再进行一次交谈。她还给他们布置了两个家庭作业。医生对妈妈说："我希望你能跟你的丈夫谈一谈，想一想你们希望西蒙学一项什么技能，可以帮助你们结束关于游戏的争吵。"然后她转向西蒙说："西蒙，我也有一个家庭作业给你。你的父母会思考他们想让你学习的技能，而你的任务是给这项技能取个名字。我期待两周后再次见到你，我已经很好奇你会想出什么名字了。"

两周后再次见面的时候，他们一家子的心情看上去比上次好了很多。妈妈说，这两周关于游戏的争吵少了一些，西蒙也能把更多时间用在学业上了。

"你和你的丈夫讨论过希望西蒙学习的技能吗？"医生问妈妈。

"嗯，我们考虑了一下，觉得虽然让他完全停止玩游戏是不现实的，但他应该学会在玩游戏的过程中停下来，有段长一些的休息时间。例如，他应该学会在做作业的时候或者跟我们一起吃饭的时候，暂时放下游戏。"妈妈说。

"听起来是个不错的主意。"医生说。"那你呢，西蒙？你完成我给你的家庭作业了吗？你给这项技能取好名字了吗？"

"完成了，"西蒙说，"可以把这项技能叫'格式化'。"

与家庭医生的这次交谈帮助西蒙和他的父母启动了一个项目，不仅对西蒙的游戏上瘾问题产生了积极影响，而且对整个家庭的屏幕使用时间也有影响。当西蒙和他妈妈第三次来找家庭医生的时候，医生建议他们，或许可以以某种方式庆祝已经取得的积极变化了。

西蒙说："我们可以庆祝，但要等我弟弟跟我一样学会这项技能的时候再庆祝吧。"

＊＊＊

我希望你已经受到本章中所介绍的案例故事的激发，准备好阅读我的下一章了。在那里，我将跟你谈论孩子成长过程中，可能遭遇的所有常见的挑战及其应对方案。

第 **7** 章

儿童成长中的各种挑战和应对策略

在这一章里，我会列出儿童发展过程中常见的问题和挑战，以及我对这些问题的理解，乃至如何应用技能教养法解决这些问题的建议。

霸凌问题

如果你的孩子是霸凌者

一个欺负别人的孩子可能缺乏的技能是什么呢？人们经常听到的说法是，对别人刻薄的孩子缺乏同理心或者换位思考的能力。但同理心是一个非常宽泛的概念，它包括许多技能，例如当朋友受到欺负时站出来为他们辩护的技能，以及当伤害了别人的感情时能真诚道歉的技能。

为朋友挺身而出的技能是富有同理心的一个基本要素。你可以跟孩子就这个话题展开对话，比如问问他们："如果你看到一个孩子欺负了另一个孩子，骂他们傻瓜或肥猪，你可以说什么或做什么？"这样的问题可以帮助你跟孩子展开有益的讨论。"为朋友挺身而出"是一个令孩子们感到有趣的话题，也是一项可以通过角色扮演的游戏来练习的技能。"如果我是个小孩子，你看到别人说我傻瓜，你会怎么来帮我？""假装我说另一个孩子是个傻瓜，你会对我说什么？"孩子越是懂得保护他人的重要性，参与霸凌的可能性就越小。

另外一个可以帮助孩子减少霸凌行为的有效做法是帮助他们学会真诚道歉的技能。孩子们可以为自己的粗鲁行为向另一个孩子进行口头道歉，也可以写一封真诚道歉的电子邮件、明信片或即时信息，用这样的方式可以练习这项高尚的技能。

不幸的是，许多家长和教育工作者在处理孩子的不当行为时，经常要求或强迫孩子立刻去道歉。然而，强迫孩子道歉并不是一个教给他们明辨是非的好方法。如果你强迫孩子去道歉，他们可能会听从你的吩咐，按照你说的去做，却并没有学会真诚地道歉。更好的做法是用尊重的方式跟孩子说一些类似这样的话："我认为你应该向杰克道歉。但是你不用马上道歉，可以在你准备好的时候再去道歉。你有想过用什么样的方式向他道歉比较好吗？你是想跟他在电话里谈谈呢，还是更愿意给他发信息为你的行为向他道歉呢？"

如果你的孩子被霸凌

当家长发现自己的孩子在幼儿园或学校受到其他孩子的言语霸凌时，通常会生出强烈的想要保护孩子的欲望。他们会联系老师，希望老师认真对待这个问题，并确保霸凌行为会终止。这种做法大多数时候是有效的。但不幸的是，也有很多时候，老师的阻止起不到任何作用，霸凌行为还会继续，或者霸凌行为变得更加隐秘、不易察觉。也有时，霸凌行为确实停止了，但因为被霸凌的孩子内心非常敏感，即使所有孩子都声称不再有霸凌行为了，他们还是感到自己被欺负了。

由于这样一些原因，有必要考虑换一个角度或者换一种做法应对可能存在的霸凌行为。我们也许可以尝试帮助这个孩子变得更坚强、更有韧性，有能力抵御来自其他孩子的伤害。

为了帮助孩子发展他们的韧性，你可以跟他们做一个交谈，看看有什么更机智或智慧的方式回应其他孩子对他们的言语霸凌。比如："如果有人对你说'你是个傻瓜'这类的话时，你能说些什么回应他？有没有什么更机智或聪明的做法处理这种情况呢？"你希望你的孩子"用恶意来对抗恶意"，还是希望他们"学会忽视其他孩子的敌意"呢？

所以，我们可以考虑这样一个选项，即帮助你的孩子学会"用机智或幽默的话语回应他人言语霸凌"的技能。意思是说，孩子能够用一些机敏、有趣或幽默的话语来回应言语欺凌，用幽默的话语打破恶意循环而不伤面子、化解尴尬。在我的想象中，过去的很多父母和祖父母都会训练自己的孩子如何在遭遇挑战的情况下机智地回击，帮助他们的孩子为应对言语霸凌做好准备。

如果你想让你的孩子学会用机智幽默来应对言语霸凌，可以先让孩子告诉你其他孩子都对他说了什么伤害性的话，或者他听到其他孩子对别人说了什么伤害性的话，然后开始和孩子一起想想，怎么用更聪明机智的方式回应这些话。

"他说你笨，你可以说些什么反击他吗？

"我可以说，你更笨，因为只有笨蛋才会说别人笨。"

"嗯，这个反击不错。你还可以怎么说回去？我们可以发明更多这类的说法反击他吗？比如说，'不客气，彼此彼此。'或者，'谢谢！没有你笨。'再或者，'哎哟，太尴尬了，让你发现了。你真是太聪明了！'你觉得他会有什么反应？"

也许，你的孩子并不觉得你的建议有多么好，但他仍然会学到一点：用幽默和机智应对言语霸凌，比试图用更恶劣的报复来伤害霸凌者效果更好。

一位妈妈曾经跟我讲过她女儿一个故事。有一天，她十几岁的女儿告诉她，她不想去上学了。"为什么呢？"妈妈困惑地问。这个女孩是个很优秀的学生，一直都很喜欢上学的。慢慢地，妈妈了解到，这段时间女儿班上有一个男孩一直叫她"自大狂"，让她很生气，也很烦。这位妈妈学过焦点解决心理学，想帮助女儿找到一种聪明而有力量的方式回应男孩的骚扰。于是她给女儿提了一个又一个的建议，但都被女儿否定了。

"哎呀，你不明白，"女孩说，"我不能那样说。这样说只会让事情变得更糟。"妈妈想帮助女儿找到聪明的方式回应男孩，却没有取得预期的结果。然而，刚刚过了一星期，一天晚餐的时候，女孩突然对妈妈说道："哦，忘记告诉你了，我跟你说过的那个男孩——他不再叫我'自大狂'了。"

"真高兴听到这个消息。你是怎么做到的？你对他说了什么让他停了下来？"这位妈妈在想，也许女儿最终还是采纳了她的某个建议。

"我只是看着他的眼睛，对他说：'请证明！'他什么也说不出来。从那以后就再也没有叫我'自大狂'了。"女孩一脸骄傲地解释道。

发明幽默的方式去回应他人刻薄的言语，是家长可以陪孩子一起玩的游戏。想出有趣的回应并不总那么容易，但只要玩一玩这样的游戏，即使孩子在现实生活中永远不会使用你们发明出来的反击用语，也会让孩子的内心变得更强大、更有韧性。一个机敏的回应意味着在现实生活中可以奏效的回应，哪怕孩子不当面说出口，只是在心里默想这个回应，通常就已经有帮助了。

提示：如果你的孩子碰巧有个令他崇拜的超级英雄，你可以启发他想象他的超级英雄会对这种霸凌者说句什么，从而帮助他发明机敏幽默的回应方式。

暴力

这里提到的"暴力"行为是指孩子踢、打、推搡或抓伤其他孩子的行为，或者向人家吐口水，或者对自己的父母或身边的其他成年人做类似的事。

暴力行为是不可接受的，因此帮助孩子停止暴力行为是家长的责任。无论孩子出现暴力行为的原因是什么，重要的是帮助孩子找到一种要学习的技能，让他们能够更好地控制自己的愤怒。在这里，孩子缺失的技能应该是"以社会可接受的方式应对愤怒和沮丧的能力"。因此我们可以说，有暴力行为的孩子只是还没有找到更好的方法处理他们的愤怒，他们可以在家人、朋友的帮助和支持下学习并掌握这种方法。

4 岁的艾美在幼儿园有打其他孩子的坏习惯。

老师找到艾美，跟她坐下来谈论这个问题，老师说："艾美，我发现当你对其他孩子生气的时候，有时会打他们。我相信你知道这样做是不对的。我们不想让你伤害任何人，也不想让你受到伤害。我可以帮助你。我有一个主意，从现在起，无论什么时候你对另一个孩子生气了，都不要动手打人，而是赶快跑来找我，告诉我发生了什么让你难过的事，我来帮你找到解决方案，可以吗？你想学着那样做吗？"艾美明白这是一项值得学习的技能。

10岁的杰克就读于一所规模很小的非主流学校。那里的所有员工都接受过儿童技能教养法的培训。杰克有个坏习惯，他一发脾气就会攻击其他孩子。这是一个严重的问题，学校里其他孩子的家长已经开始要求学校劝退杰克了。

校长与杰克进行了坦诚的交谈，他说："听着，杰克，你再也不能攻击学校里的任何其他孩子了。如果我们不能想办法结束你的这种行为，我就得让你的父母把你带回家了，你就不能再跟我们在一起了。下一次你生气的时候，不管是什么原因，你都不能动手攻击任何人。你必须想点儿其他办法控制自己，你必须做点儿什么其他事来帮助自己平静下来。你觉得你可以做什么呢？你能做些什么让自己平静下来呢？"

杰克想了一会儿说，他可以跑到学校的休息室，用拳头捶打那里的大靠枕，那样做会对他有所帮助。

"嗯嗯，这个方法应该有用。"校长让杰克演给他看看他要怎么做。杰克假装生气了，然后迅速跑到休息室用拳头捶打那些靠枕。

"嗯，这一次效果很好。"校长说，但是他不知道在真实情景下，当有人说了什么或做了什么招惹了杰克的时候，杰克是不是也能运用这种能力让自己冷静下来。他请杰克向其他老师展示他要学习的新技能，让老师们都知道，下次杰克若因任何原因生气时会做些什么来控制自己。杰克每一次向不同的人——老师、同学和父母——展示他生气时打算怎么做的时候，都是在练习他的新技能。校长还与杰克就老师和同学在需要的时候怎么提醒他跑进休息室达成协议。在接下来的几周里，杰克多次跑到休息室用拳头敲打靠枕，他再也没有攻击他人了。

一个 6 岁的小女孩在幼儿园里经常动手打其他小朋友。每次打人的时候，老师都会阻止她，告诉她不可以这样做。这个小女孩心里非常明白这种行为是不对的，也是不被允许的。老师总是让她给挨打的小朋友道歉，她变得很善于道歉。但她还是会继续打人，然后再道歉。她甚至学会了事后去询问受欺负的小伙伴，她可以做些什么补偿人家。一次会议上，老师们一起头脑风暴，探讨怎么做才能帮助这个女孩停止打人，他们想出了一个主意。老师们认为，既然让她向被她打过的孩子道歉没有什么效果，也许应该要求她向对方的家长一并道歉。老师们把这个想法告诉了这个女孩的爸爸。他是一个单亲爸爸，他同意了。这等于说他有时需要在接孩子的时候在幼儿园里多等一会儿，等到对方父母来接孩子，见证自己的女儿跟对方及其家长做当面道歉。在接下来的一周里，女孩学会了为自己的行为道歉，不仅向被她打过的孩子道歉，还要向他们的父母道歉——也许更重要的是，她的爸爸目睹了她的道歉。这种道歉方式的改变，虽然很小，却意义重大，在短短的两周内就产生了预期的效果。

学习道歉技能确实能够帮助孩子改掉他们的攻击性行为。但是，要想让道歉真正发挥作用，你必须与孩子多交谈，帮助他们好好想想，怎样才算是好的合适的道歉，能够达到期待的效果，不仅能让受害者接受，还能对加害者有所帮助。

自我控制（或愤怒管理）是所有孩子可以学习并能从中获益的技能。小一点儿的孩子很少有这种自我控制的能力，他们在受挫的时候只会哭闹、叫喊、打人或踢人。随着年龄的增长，慢慢地变得成熟起来，他们会发展出一定的自我控制能力，也就是学会用成熟一些的方式来应对失望或者愤怒的情绪。比如，能够用语言表达他们的愤怒，能够跟大人谈论他们的失望，或者能够用其他一些方式帮助自己发泄愤怒，从而避免攻击性行为。如果孩子觉得很难控制自己的行为，你可以花一些时间跟他们讨论需要学习什么技能，能够帮助他们在愤怒或失望的时候冷静下来，而不打人或踢人。然后你可以用技能教养法帮助他们制订学习该技能的计划，支持他们练习并掌握这项技能。

提示： 在本章标题为"惩罚"的部分你可以找到更多关于道歉的信息。

不健康饮食

如果孩子摄入过量的高脂肪食物或营养价值低的食物，如比萨、汉堡、含糖气泡水和糖果，人们通常会责备允许这种情况发生的家长。因此，专业人士往往试图通过影响父母来解决问题，指导他们确保孩子保持更为健康的饮食。然而，这说起来容易，做起来难。众所周知，改变习惯对人们来说是非常困难的，甚至几乎是不可能的。

更好的策略也许是，把关注点放在孩子身上而不是家长身上，让家长成为支持者，帮助孩子养成更健康的生活习惯和饮食习惯。

如果你的孩子饮食不健康，可以和他们谈谈健康饮食的话题，告诉他们你愿意帮助他们采用更健康的饮食。邀请其他照顾孩子的成年人参与对话，跟他们一起帮助孩子养成更健康的饮食习惯。如果改变健康饮食不仅仅是你一个人的愿望，而且是孩子生活中所有重要他人都愿意支持的目标，那么孩子就更容易改变饮食习惯。

不要批评孩子吃了不健康的食物。相反，跟他们谈谈为什么养成更健康的饮食习惯对我们所有人来说都很重要。不要试图用指出不健康饮食的所有负面后果来刺激孩子，而是通过跟他们谈论健康饮食的好处来激励他们。跟孩子一起列出各种健康食品的清单和营养饮食的习惯，让孩子自己决定首先要养成哪些新的饮食习惯。

与其为孩子的不健康饮食批评他们，不如在看到他们吃得更健康的时候表扬他们。支持孩子的最好方法之一是加入他们的行列，和他们一起养成更健康的饮食习惯。

吃手

吃手，即嘬手指或吸吮手指，可能是孩童时期最常见的坏习惯之一。对于小婴儿来说这不是个问题，但是当孩子长到 3 岁或 3 岁以上时还继续吸吮手指就是个问题了，因为这会影响孩子牙齿的正常生长和健康发育，导致牙齿错位。

为了让孩子停止吃手，许多家长都会告诉孩子不要这么做："把你的大拇指从嘴里拿出来！""不要吃你的手指了！""你怎么又把手放到嘴里了？别吃手了！""你不记得牙医说了什么吗？"然而，正如我们现在所知道的，告诉孩子停止做某事通常并没有什么用。如果你一遍遍地说教令孩子有了抗拒之心，情形甚至会变得更糟。

米尔顿·艾瑞克森（Milton Erickson），是 20 世纪一位有非凡影响力的美国精神病学家，也一直是我的重要灵感来源。他讲述过一个他自己帮助 5 岁男孩停止吮吸拇指的故事。

这位男孩的父母听说艾瑞克森医生是一位催眠专家，成功地帮助过很多病人，包括许多孩子，于是慕名前来。男孩的父母带着这个男孩来到艾瑞克森医生的诊所，向他讲述了这个男孩嘬手指的问题。艾瑞克森耐心地听着，然后转向男孩说了大概这样一些话："听着！这是你的拇指，没有人可以告诉你该怎么做或不该怎么做。"然后他转向家长，要求与男孩单独交流，让男孩的父母在候诊室等待。趁着跟男孩单独在一起的机会，艾瑞克森医生先是跟他东一句西一句地闲聊了一阵儿，问了问他的兄弟姐妹、朋友和爱好。然后，他问男孩，他通常喜欢嘬哪个拇指，是左手的还是右手的。男孩向艾瑞克森伸出他的左手拇指。"哦，我明白了，你喜欢嘬你的左手拇指，"艾瑞克森说，"那你的右手拇指呢？你根本都不嘬你的右手拇指吗？"艾瑞克森大声地问道，他想知道男孩每天都在嘬他的左手拇指，却从来都不嘬右手拇指，这个右手拇指会是什么感觉。

这个男孩听蒙了，他没想到还有这样的一个看待他嘬手指坏毛病的角度。他从来没有想过还要用一种平等对待两个拇指的方式来嘬手指。艾瑞克森建议男孩继续嘬他的左手拇指，但要确保从现在开始照顾到右手拇指的需求，给两个大拇指同样的吮吸时间。例如，如果他嘬左手拇指一分钟，也必须嘬右手拇指一分钟。这个男孩接受了医生的建议。在接下来的几周里，当这个男孩努力确保"平等对待两个拇指"，每天用相同的时间轮流嘬自己左右两个大拇指的时候，嘬手指这件事就变成了一项极其烦琐的任务，最后他完全放弃了吃手的习惯。

这个故事表明，对于坏习惯，如果人们（无论是孩子还是成年人）不是把精力花在彻底改掉这个坏习惯上，而是尝试巧妙地"修改"这个坏习惯，则更容易摆脱它。对于这个孩子，让他停止吃手几乎是不可能的，但是通过巧妙地修改这个坏习惯，再让他摆脱这个修改后的习惯就容易得多。

有一次我在一个培训会上遇到一位 5 岁女孩的妈妈。这个妈妈告诉我，她非常满意自己的女儿，除了一个问题。她的女儿有吃手的毛病，牙科医生告诉她，必须立刻停止吃手。我问她，她都做了什么帮助女儿停止吃手。妈妈说，她让女儿把手从嘴里拿出来。

"有用吗？"我问这个妈妈。

"一点儿用都没有，"她说，"我越是让她把手指从嘴里拿出来，她的手指就会更深地伸到嘴巴里。"

我声称自己知道为什么会这样。"因为你还没有找到一个有魔法的口令，"我说，"一个能让手指从嘴巴里一下子就弹出来的词。"

经我这么一说，对话就转向了一个新的方向，这个女孩也参与了进来。我问："有什么神奇的魔法口令能让你的手指从嘴巴里弹出来？"

我们测试了许多有趣的单词，终于发现了一个让这个女孩觉得很有吸引力的单词。我身边刚好带着我讲课用的布艺大手偶，我抓起它，让它坐在我的腿上，把我的手伸进布艺木偶的手里，假装把它的手指伸进它的嘴巴里。然后，我们用这个手偶测试了这个神奇的口令。哇！它真的能创造奇迹！每当有人说出这个魔法口令的时候，手偶的手指就会迅速地从嘴巴里弹出来。在我们结束咨询之前，我建议这位妈妈告诉她的丈夫，我们正在寻找这个神奇的单词，并邀请他一起参与这个项目，共同寻找家长可以在家里用来帮助女儿记住把手指从嘴巴里拿出来的神奇单词——魔法口令。

抽动

"抽动"(tic)一词指的是一种重复的不受控的动作或肌肉抽搐,通常发生在前额、眼睛或嘴巴的区域。抽搐也可能发生在肩膀或手臂,还有些是不受控地发出一些怪怪的声音,比如咳嗽,快速地吸气、打喷嚏,或清嗓子。

儿童抽搐是比较常见的问题,大多数情况下这些抽搐都会自行消失。但在有些孩子身上,抽搐的问题会持续存在,这时家长就会找专家咨询,希望得到帮助。

到目前为止还没有人知道引发抽动症的真正原因是什么,但是专家们普遍相信抽动症是由于大脑中分管运动神经传导的系统功能紊乱所致。跟口吃一样,也是因为大脑中神经系统的传导出现了故障。有抽动症的人是无奈的,他们试图控制或抑制抽搐发生的努力非但没用,反而适得其反,常常使问题变得更加严重。

用药物缓解抽搐是可能的,但效果极其有限。幸运的是,抽搐也可以通过教孩子控制抽搐的方法来得到治疗。这种方法在认知行为治疗中被描述为"习惯逆转训练法"(Habit Reversal Training,HRT)。

如果你的孩子有持续的抽搐问题,而且似乎无法随着时间的推移而自行消失,就要跟孩子开诚布公地谈谈这个抽搐问题。让孩子给抽搐起一个名字，这样更容易谈论它。鼓励孩子对着镜子看看自己的抽搐是什么样的。要想治疗有效果，很重要的一点是让孩子学会大大方方地谈论自己的抽搐，就像口吃的孩子一样——要想治愈口吃，需要学会与言语治疗师和家人大大方方地谈论自己的口吃问题。

当孩子的抽动症不再是一个忌讳，而是一件可以就事论事地谈论的事情时，你就可以试着跟他们使用"习惯逆转训练法"了。第一步是先看看孩子在给定时间内抽搐了多少次，也就是评估一下孩子的抽搐频率，据此跟踪后续的进步。你要说服孩子，让他相信，通过这种形式的刻意练习是有可能对抽搐进行某种程度的控制的。

你也可以让孩子故意增加抽搐的频率："现在，你在 1 分钟内抽搐了 4 次。让我们看看你是否能在 1 分钟内有意抽搐 8 次。"当孩子发现他们可以有意识地增加抽搐的频率时，就会开始相信他们也有可能有意识地减少抽搐的频率。

你要做的第二步是帮助孩子找到那个"抽搐即将发生"的预感。这是可能的，因为抽动症患者通常有某种感觉或预感，告诉他们抽搐就要发生了，就像我们所有人都有的那种咳嗽或打喷嚏就要来了的感觉一样。

这种感觉或预感使孩子有可能在抽搐发生之前，故意做一个"逆转运动"，以防止抽搐被触发。这种逆转运动在某种程度上类似于抽搐，但不那么明显。比如，如果孩子的抽搐跟清嗓子有关，他们也许可以在意识到要忍不住清嗓子的时候立即做一个深呼吸；或者如果孩子的抽搐是眨眼睛，他们可能会在眨眼之前短暂闭上眼睛。

孩子们几乎感觉不到自己的抽搐症状，但家长们经常过度担心。重要的是要理解，抽搐并不是任何潜在心理障碍的表象，它们只是抽搐，通常会自行消失；即使没有消失，孩子也有可能发展出一项控制抽搐的技能。

创伤经历

家长们总是在尽力保护自己的孩子免受情绪冲击。但无论他们怎么努力，都无法保证孩子免受不良事件的影响。在成长和发展的某个阶段，所有的孩子都不可避免地经历令人沮丧的事情，比如家庭成员的离世、被兄弟姐妹或同伴欺负、目睹犯罪、看到父母醉酒、经历家庭暴力、性骚扰、疾病、事故、自杀、火灾等。

孩子们有非凡的能力应对不愉快的事。他们有很多处理负面经历的方式，包括简单地思考所发生的一切、画出所经历的事件、与家人或朋友谈论它，以及玩游戏等，这些都可以帮助他们在头脑中用具象的方式处理不愉快的事。孩子们也有可能会在睡梦中处理他们的艰难经历。

如果你的孩子经历了不愉快的事，你要做的第一件事就是提醒自己，孩子天生就有应对不良经历的能力。如果你仍然担心孩子是否能够应对他们所经历的一切，遵守以下几条指导原则可以更好地帮助孩子尽快恢复：

- 避免强迫孩子谈论他们的经历。相反，通过耐心陪伴孩子，让他们有机会主动与你谈论他们的经历。

- 如果你觉得孩子不愿意或者还没有准备好跟你谈论他们的经历，他们也许愿意用绘画或听相似故事的方式来处理他们的经历。

- 如果你的孩子想跟你谈论他们的经历，请不要打断他们的讲述，耐心倾听。尽可能地回答孩子的问题，并且对他们为应对不良经历所做的事情表现出特别的兴趣。

- 赞扬孩子在事件发生过程中的明智之举，以及自事件发生以来他们处理这些经历的一些值得称赞或肯定的做法。

孩子们几乎可以从任何事件中恢复过来。支持他们的最好方式就是陪伴，向他们表明我们欣赏他们自己独特的应对策略。

提示： 不愉快的事有时会引发噩梦。请参阅本章中关于噩梦的部分，了解如何帮助孩子克服噩梦。父母离婚是一种不愉快的事，会对孩子的生活造成影响。请参阅本章中关于离婚的部分，了解更多关于帮助孩子应对父母离婚的做法。

大喊大叫

孩子大喊大叫，或者用大嗓门讲话，不仅打扰他人，也让孩子自己饱受声音嘶哑的折磨。控制声音的音高和音量是所有孩子都需要学习的社交技能。大嗓门说话或大喊大叫的孩子可能并没有意识到自己的音量。因此，对于声音太大的孩子来说，第一步就是学习察觉自己讲话的音量。

帮助孩子更好地察觉自己讲话音量的一个好方法是，在手机上下载一个测量音量的应用程序，可以以视觉形式显示讲话的音量。另一个帮助孩子察觉讲话音量的做法是，抬起你的手，用举手的高低向孩子示意他讲话音量的高低。比如，你可以跟孩子说："现在，你正在大声说话。"同时你把手举到眼前的某个高度，然后说："用稍微低一点儿的声音再说一遍，我可以用我的手告诉你你的音量。"

在孩子能够较好地意识到自己的音量后，下一步要做的就是学会在想要大声说话时控制自己的音量。

帮助孩子学会控制音量的重要环节是请孩子告诉其他人，他希望如何被提醒。一旦跟孩子达成提醒的约定，就可以在孩子大喊大叫的时候，用他愿意接受的方式提醒他降低音量。你可以跟孩子一起设计一些好玩的手势来提醒。比如，假装孩子身上某个地方有一个"音量"旋钮，向右转动可以提高音量，向左转动可以降低音量。用游戏的方式跟孩子约定好简单的手势，并稍加练习。这样一来你和其他支持者就可以用这些手势提醒孩子，当他的声音太大时要调低声音。

对立违抗

我曾经读过一位老师写的一篇文章，内容涉及当今学生在学校里令人讨厌的行为。在这篇文章中，她列举了一些实例描述她所目睹的应受谴责的行为。其中的一个例子是这样的："好几位老师都告诉过杰克要把帽子摘下来，可是他根本不听。他只是挑衅般摸摸帽子，拒绝把帽子摘下来。我跟他说，如果他自己不摘，我就会亲手给他把帽子摘下来。因为他还是不摘，我就动手把他的帽子摘了下来。他跟着我，把头硬靠在我身上。我让他不要靠在我身上。他不听，反而开始推搡我，说：'把帽子还给我。'我想把他拖到教师办公室。他抗拒着，抓住我的腿，试图把我掀翻。结果我们俩都摔倒在地板上，直到其他老师过来帮忙，才把他抓着我的手松开。可是他刚被其他老师从我身上扯开，就回手打了我一巴掌。"

所有的孩子都有违抗的时候，但如果一个孩子一直表现得很抗逆，对任何事情都是一副拒绝不配合的态度，不断挑衅家长和老师的底线，这样的表现即被儿童精神科医生定义为患有"对立违抗性障碍"（Oppositional Defiant Disorder，ODD），也称对立违抗（Defiance）——一个听起来很科学的名字。近年来，我还注意到了另一个新发明的名称"病理性需求回避"（Pathological Demand Avoidance，PDA）"——极其抗拒和回避日常的各种要求，也指代同样的行为。这一名称主要出现在一些谈论孤独症的人中以及关于孤独症的文章中。违抗、固执、专门作对、极其顽固、态度恶劣、刺儿头、顶嘴、找碴儿……那个让人心爱的孩子有很多名字。

没有人知道为什么有些孩子会发展出这种挑衅般的行为模式。我个人喜欢把它看成是一种恶性循环的结果，即家长和其他成年人试图影响孩子行为的方式激起了孩子的挑衅心理。有些孩子似乎对大人的任何命令或指示都会"过敏"，或过度反应，哪怕大人很友善地提出要求，在他们听起来也都像是一些不公平和压迫性的专制命令。

孩子持续的对抗行为对家长和老师来说是一个巨大的挑战。但我认为，违抗的孩子自己也会因为这种行为模式而吃尽苦头。理解到这一点应该对我们处理孩子的违抗行为有所帮助。我想大多数违抗的孩子都知道，如果能够学会配合大人的要求，不那么违抗大人的指示，他们的日子会好过很多。

如果你的孩子总是跟你作对，有两种方法可以帮助他变得更配合一些。考虑到孩子的"过敏反应"，你可以采取一些更温和的沟通方式向他传达你的指示，或帮助孩子培养一种合作技能，使他们更容易配合大人的指示。

让我们先从"更温和的沟通方式"开始。所谓"更温和的沟通方式"，我们可尝试下面几种方式。

给出两个或两个以上的选择，允许孩子从中选择一个他自己喜欢的。以"不肯摘帽子的男孩"为例子，你也许可以这样对他说："我们已经进到教室，该摘掉帽子了。你是想现在就把帽子摘下来，还是过一会儿再摘？"或者"马上要进到教室了。你想在这儿摘下帽子，还是进到教室的时候再摘？""你想自己摘下帽子，还是想找个人帮你摘下帽子？"提供可选的方式可以让"对控制极度过敏"的孩子感觉"是他自己在掌控一切，而不是别人在控制他"。

寻求孩子的帮助，把"你想让孩子做的事"转换成"你需要解决的问题"。"我的责任是要确保每个学生进到教室后都摘掉帽子。你有什么建议吗？我该怎么做？""你知道，学校的规定是所有人进到教室后都要摘掉帽子。如果我想让你遵守这个规定，你觉得我该怎么做？"当孩子觉得他们是在帮你解决问题的时候，就不会感觉你在命令他们。对大人的指示有违抗倾向的孩子，如果觉得你是在指挥他，通常会很难或者不可能遵从你的指示；但如果他觉得是在帮助你，就有可能愿意遵从你的指示。

用手势或暗号帮助你们沟通。你可以事先与孩子达成协议，用某个手势或暗语向他们表达你的愿望。"如果我有时不得不提醒你把帽子摘下来，你想让我给你一个什么样的暗号？""你想让我用一个什么样的手势或暗号来提醒你摘帽子呢？"那些有极强的挑衅倾向的孩子可能对来自大人的任何口头指示都非常敏感，然而不知何故，他们更容易服从事先商定好的各种暗号或手势。

从技能教养法的角度来看，孩子的违抗行为就是一个"征兆"，告诉我们他还没有学会遵从大人的指令。服从大人的指令是孩子可以学习并能变得更好的一项技能，实际上也是他们有可能喜欢学的一项技能。

如果你想让孩子学习遵从大人指令的技能，首先要跟他们谈谈学习这项技能可以给他们自己带来的好处。如果孩子能够理解自己从学习这项技能中获得的益处，就有可能感兴趣，学习"遵从指示"这样的技能。有很多的方法可以帮助孩子练习这项技能。小孩子喜欢各种各样的游戏，比如"西蒙说"的游戏，设计一些简单而有趣的命令，参与者轮流扮演下达命令和服从命令的角色，一个人发布命令，其他人必须按照命令执行。

提示：你可以在"服从"的议题中了解更多如何帮助孩子学会服从指令的内容。

打断他人

"打断他人"的意思是指，孩子总是在别人讲话时抢话，没有耐心等待轮到自己说话的时候再讲话。如果是在家里，孩子有打断他人讲话的倾向可能还不算是个问题，但在学校总是打断老师和同学的话就会被看成是一个大问题。为了保证老师的教学秩序，孩子们在上课的时候应该学会控制住自己脱口而出的冲动，想要讲话时需要先举手请求，再耐心等待，得到许可才能开口讲话。

人们普遍认为，打断他人讲话的行为表明孩子在寻求关注，这样做的孩子习惯于在家里成为所有人的关注中心。这也许是真的，但是用技能教养法解决这个问题应该非常合适。使用技能教养法时，你不用追究孩子为什么总是打断别人，而是要思考孩子需要学习一些什么样的技能，才能摆脱"打断他人"的坏习惯。

这些技能包括：

● 会用表情或手势告诉对方"我在等着，有话要说"的技能；

● 会耐心等待对方把话说完的技能；

● 能够等到对方发出"该你说了"的信号才开口说话的技能；

● 能在心里记住自己想说的话，轮到自己讲话的时候才说出来的技能。

耐心倾听他人，不随便打断他人讲话是我们所有人都需要拥有的一项重要生活技能。大多数孩子都需要在大人的指导下才能学会倾听他人讲话。如果孩子有经常打断他人的坏习惯，你可以用技能教养法帮助他们改掉这个坏习惯，变得更善于倾听他人的想法。你要做的是，首先让孩子给这个"倾听技能"起一个好听的名字，比如"轮流讲话"或"你说我听"什么的，一旦确定了名字，就可以跟孩子一起发明一些有趣的方法练习了。

学习这项技能的一个重要部分是跟孩子达成协议：当他们忘记了这项技能又开始打断他人讲话的时候，可以用怎样友善的方式提醒他们呢？每当孩子能够做到用手势或表情告诉你"我有话想说"并能耐心等待、收到你的"许可信号"才讲话时，都要记得好好称赞他们。如果孩子很难学会这种互惠的交流方式，不妨试试"谈话棒"的方法。"谈话棒"指的是一种谈话方式，只有手持"谈话棒"的人可以讲话，下一个想说话的人必须先请求得到那个棍子——"谈话棒"，然后才能开口。

提示：上一章中介绍的 12 岁女孩萨拉的故事，可以帮助你更好地理解这个议题。

多动症

注意缺陷多动障碍（ADHD），又被称为"多动症"，不是那种通过实验室的血液测试或大脑扫描可以确诊的身体疾病或大脑缺陷。相反，这个专有名词指的是一种综合征，是一系列行为问题的混杂，包括注意力难以集中、冲动控制和计划方面的障碍，再加上坐立不安和过度亢奋。为孩子下这样的诊断是一把双刃剑：它既有积极的影响，也有负面的后果。

积极的影响包括：

- 它减少了父母对孩子问题可能产生的愧疚感；

- 孩子有可能在学校得到更多的理解和帮助；

- 孩子可以得到处方药（通常是作用于神经中枢的兴奋剂药物），这些药可能会在短期内改善他们的注意力持续时间，减少他们的冲动行为；

- 孩子可能会因为自己的问题有了正当的医学解释而自我感觉好一些。

负面的后果包括：

- 兴奋剂药物是有副作用的，与人们的普遍期待相反，这些药虽然短期可以缓解孩子的状况，长期来看却是无益的；

- 诊断和使用兴奋剂药物的做法，减弱了家长和教育工作者对开发和尝试使用非药物法来帮助孩子的兴趣；

- 孩子会接受一种错误的信念，认为他们的大脑有问题，先天不足，认为自己不可能学会控制自己的行为；

- 孩子的父母开始依赖专家的帮助。

如果你想用技能教养法的方式帮助被诊断为多动症的孩子，请忽略这一诊断，把关注点放在孩子遭遇的困境上。找出一张纸，在上面列出孩子所有的问题或症状，将它们视为彼此无关的单独问题，然后一个一个地找出克服每个问题或症状所需要拥有的具体技能。

换句话说，使用技能教养法帮助被诊断为多动症的孩子与没有被诊断为多动症的孩子的做法完全一样。你需要跟孩子谈一谈，看看学习哪些技能或改善哪些行为可以让他们获益，能够让他们的生活轻松一些，更有可能享受在学校的生活，或者能够帮助他们在自己的爱好上更成功。

一旦跟孩子一起确定了他想要学习的某项技能，比如说，孩子同意学习"接受失败的技能"或"保持房间整洁的技能"，你就可以跟他一起把学习技能当作一个项目启动起来，帮助他一步一步提升这项技能。

被诊断为多动症的儿童通常有不止一个行为问题或挑战，这意味着他们在好几个方面都有待提升。当孩子们有许多需要提升的技能时，明智的做法是先从一项简单的技能开始，把更具挑战性的技能留在技能清单上稍后再学。让孩子从最简单或最容易的技能着手学习，有更大的可能性迅速提升这项技能，让孩子的技能学习更有动力。一旦你的孩子成功地学会了这项技能，他们就很可能想去学习更多对他们有好处的技能。

提示：想要了解更多关于如何在多动症儿童身上使用技能教养法的细节，请参阅上一章中 8 岁的亚当与 12 岁的华特和萨拉的故事。

噩梦

这里所说的"噩梦"（Nightmare）是指孩子一次又一次地做同样或类似的令人不快、引发焦虑的梦。最典型的反应是孩子总是在半夜被噩梦惊醒，并因为恐惧和焦虑而大哭不止。出现这样的噩梦有时是因为孩子在白天经历了某个恐怖事件，但有时也可能是由孩子的幻想所引发，与现实生活中的事件并无关系。

为了帮助孩子摆脱噩梦的困扰，可以帮助他们培养"改写噩梦内容的技能"。我曾写过一个绘本故事，名为《奈杰尔的噩梦》（Nigel's Nightmare），讲述了一个被噩梦困扰的小男孩奈杰尔是如何在外婆的帮助下用想象力改写他的噩梦，从而摆脱反复出现的噩梦的干扰的。你也可以用相同的方法教给你的孩子这项技能。奈杰尔跟外婆的对话大致如下。

一天，奈杰尔被送到外婆家过夜。到了上床睡觉的时候，他突然哭了起来。

"宝贝，你怎么哭了？"外婆问道。

奈杰尔解释说："我不敢睡觉。因为我老是做噩梦，每天晚上都会被三辆大卡车追着，被吓醒。"

"哦，你不知道吗？奈杰尔，根本就没有噩梦这回事儿啊。"

奶奶安慰道。

"可我就是有啊！"奈杰尔抗议道。

"没有！真的，奈杰尔，没有噩梦这回事儿！"奶奶解释道，"所有的梦都有一个快乐的结局。"

奈杰尔坚持说："可我的梦没有快乐的结局啊！"

"是啊，当然没有，因为你醒得太早了啊！要是你从睡梦中醒来，还没有看到后面发生的事，怎么能看到快乐的结局呢？"

然后外婆和奈杰尔一起为他的"噩梦"编写了一个可能的快乐结局。在那个想象的版本中，那些追赶奈杰尔的令人恐惧的卡车追上了奈杰尔，突然停了下来，从里面走出三位非常友善的司机。他们来到奈杰尔的身边，说道："别怕，奈杰尔！我们是来给你送礼物的，不是来伤害你的。"

外婆和奈杰尔一起继续幻想着：司机们邀请奈杰尔进到他们卡车的货舱里，让他从众多礼物中挑选 3 件送给自己。奈杰尔最爱打冰球，他环顾四周为自己选了一根上面有他最崇拜的冰球明星签名的冰球杆，一个很酷的头盔，还有一副结实的冰球手套。当奈杰尔再次躺下的时候，外婆贴着他的耳朵对他说："记得要看到梦的结局哦！"奈杰尔睡着了，他的脸上挂着微笑，希望在梦里得到他期待的 3 件礼物。他酣睡了一整夜，第二天早上起来的时候完全不记得夜里做过什么梦。

　　如果你的孩子也被反复出现的噩梦所困扰，不妨试试奈杰尔外婆的方法，向孩子解释"所有的梦都有一个快乐的结局"，然后帮助他想象那个噩梦可能出现的快乐结局。这个方法的基本原理是在孩子清醒的时候提前为孩子的大脑做好准备，通过改编梦境的结束方式，将可怕的噩梦变成愉快美好的梦境。

肥胖

儿童肥胖患者数量的增加已经成为全球范围内的一个主要健康问题了。原因是多方面的，其中低质量的高热量饮食、不健康的饮食习惯和缺乏体育活动等都与之有关。解决儿童肥胖问题并不容易，能否取得成效往往取决于孩子的家庭有多么积极参与帮助孩子建立健康饮食习惯的项目。

有时候，家长会试图通过说教、限制、命令和斥责来影响孩子的饮食习惯，但这些策略并没有什么用，反而会让问题变得更严重。最好能够让孩子对减肥这件事感兴趣，并与孩子合作拟定所有的计划和策略。

与孩子开始对话时，首先要让他们知道为什么减肥或控制体重是一件很重要的事。你甚至可以邀请营养师或其他健康专家一起参与跟孩子的对话，解释减肥的短期和长期好处。

一旦孩子明白了减肥或控制体重对他们的重要性，就可以完全避开减肥的话题。相反，把你们谈话的关注点放在那些对孩子有好处、能促进健康和幸福的习惯方面。

你可以先跟孩子一起列出各种促进健康和幸福的好习惯，然后让孩子自己决定他们想先培养哪一种习惯。

下面是一个有可能促进健康和幸福的习惯清单：

● 用一杯水代替甜点；

● 走楼梯而不是乘电梯；

● 用餐时只吃七分饱；

● 用喝水代替喝牛奶；

● 吃面包时不涂黄油；

● 多吃蔬菜或沙拉；

● 在快餐店选择沙拉套餐；

● 吃饭时细嚼慢咽；

● 与他人共享比萨；

● 把胡萝卜或苹果片当零食吃；

● 步行上学；

● 定期锻炼；

● 用矿泉水代替含糖饮料。

一旦孩子决定了他想培养的促进健康和幸福的习惯，就可以帮助他制订一个可实施的计划，让家人、朋友成为他的支持者。孩子一旦成功地养成了这个习惯，就可以跟他一起庆祝成功，并允许他在清单上选择下一个要培养的习惯。

提示： 关于这个议题，请参阅本章中关于"不健康饮食"的内容。

分离焦虑

有些孩子感觉特别难以离开他们的父母。比如，一个应该离开爸妈去幼儿园或上学的孩子，会在分手的那一刻拽着爸妈的衣角或抱着爸妈大哭大闹，不肯松手。如果你的孩子很难与你分离，而你也不忍把一个大哭大闹的孩子留在身后，也许可以试着用比较温和的技能教养法解决这个问题。

与父母分离——或者说"分离技能"——是每个孩子迟早都需要拥有的一项重要能力，也可以称之为"分离的勇气"。大多数孩子都能自然而然地学会这项技能，不需要格外地当回事儿。但有些孩子就比较痛苦，他们需要一些帮助和支持才能学会这项技能。还有一些孩子已经掌握了这项技能，却又不小心失去了，这也是有可能的。

跟孩子一起给"分离技能"起个孩子能够理解的名字。比如，"再见技能""快乐再见技能"，或者"很快再见技能"。如果孩子很小，用可爱的玩偶跟孩子练习这项技能是一个很有趣的做法。跟孩子做游戏，假装这个玩偶需要跟孩子分开，暂时需要被送到爷爷奶奶家照看一段时间，或者要送到其他什么地方。借助这样的游戏，让孩子为玩偶找一些办法，有勇气跟孩子说再见，并顺利地待在爷爷奶奶家或其他看护机构较长一段时间。那么，这个孩子也可以用同样的方法在真实生活中练习他的"快乐再见技能"或者"很快再见技能"。记住！在孩子给出好点子的时候、敢于尝试的时候以及有了微小进步的时候，都要慷慨地给予称赞，帮助孩子培养他的"分离技能"或"分离的勇气"。

服从

为了让孩子服从或听从指示，家长会使用许多策略。最常见的是"后果威胁法"（如果你不按照我说的去做，你就会失去……）和"承诺奖励法"（如果按照我说的去做，你就会得到……）。实话实说，这两种被广泛使用的育儿策略经常立竿见影，但它们的问题是，你用得越多，从长远来看效果就越差。其实，没有哪个家长愿意用"威逼利诱"的手段让孩子就范，家长都希望自己的孩子能够真心听从他们的指示。

通常，很多家长会把孩子的不服从指示或拒绝遵守规则看成是孩子固执。然而，事情并不像家长想得那么简单。那些不善于服从的孩子自己也会因为不听话而吃尽苦头，虽然不是那么显而易见。当你与那些经常违反规则的孩子进行坦诚交谈的时候，往往会发现这些孩子实际上想学会更好地服从指示和遵守规则。他们知道，如果能够更好地遵守成年人的规则和指示，他们的生活会变得更容易，也更愉快。但由于某种原因，他们与大多数其他孩子相比，好像更不容易服从家长的指令。

我们可以把"服从指示"看作是孩子可以学习的一项技能。你可以就这个话题与孩子展开讨论，并帮助他们意识到学会服从指示对他们自身也是有很多好处的。如果不是每次都跟家长的指令做激烈的抗辩，事情会进行得更顺利，家里的氛围也会大不一样。你可以帮助孩子给这项技能起个名字（例如，"是的，先生""好的，好的"或"指令收到"），并想一想有没有什么有趣的游戏可以让孩子有机会练习并习惯服从命令。

"西蒙说"就是一个尽人皆知的可以用来帮助孩子练习服从技能的游戏。可以设计出不同的玩法带着孩子玩这个游戏。有一个玩法是，所有参与者都必须重复带领者的动作；还有一个玩法是，只有带领者用"西蒙说……"开始发布指示时，其他人才能服从带领者的指示。

此外，还有一个有趣的游戏可以用来帮助小孩子学习并习惯服从大人的指令。找一个旧的电视遥控器，让孩子拿着它对着你来"控制"你的行为。例如，孩子用遥控器对着你，按下某个按钮向你下达指令，"蹲下"或"转身"，你则配合孩子执行遥控器的指令。小孩子都很喜欢这类的游戏，很享受用这种假装的人类遥控器控制大人的行为而带来的快感。正如你可能已经猜到的，接下去，你们就可以角色互换，你来用人类遥控器发出控制指令，训练他服从指令。

所有这类的游戏都可以帮助孩子们慢慢建立这样的信念——"接受并遵从家长的指令没什么不可以，我可以服从家长的指令"。与此同时，孩子们会慢慢意识到服从大人的指示对双方都有好处，也可以很有趣。

父母离婚

目前在西方国家差不多有一半数量的孩子生活在父母分居或离婚的家庭中，因此他们通常有两个家：妈妈家和爸爸家。

统计结果显示，离婚家庭的孩子往往比所谓完整家庭的孩子有更多问题。心理学家和其他"专家"根据这一事实得出结论，离婚是一件糟糕的事，会对儿童的成长及心理健康产生负面的影响。然而，随着研究的深入，人们逐渐开始明白，相关性并不等于因果关系。父母离婚与孩子幸福感之间的关系是复杂的，还有许多其他因素也在其中起着作用。离婚家庭的孩子可能比完整家庭的孩子有更多问题，但这种统计差异往往是由一些并不总是与离婚有关的其他因素造成的。这些因素包括家庭经济贫困，对离婚家庭儿童的歧视或偏见，孩子与远方父母缺乏联系，离婚父母之间的冲突和敌意，以及父母在养育子女方面的不合作。

如果你是在离婚或分居状态下养育孩子，有很多事可以帮助你的孩子顺利应对新状况。以下是我为你收集的几条建议。

- 帮助你的孩子意识到，即使孩子需要面对在两个家之间切换的压力，这种安排也有可能给他带来一些好处。

- 在孩子在场的情况下，务必用尊重的语气跟另一方讲话。

- 尽你所能支持你的孩子和另一位家长保持联系，并维护良好关系。

- 请记住，即使你的孩子和另外一位家长的联系微弱而遥远，也总比完全没有接触要好。

- 最好用调解的方式解决你和另一方的冲突，而不是把他们告上法庭。

- 面对孩子可能出现的心理问题，抵制住内心想要把问题归咎于另一方的诱惑。坚持用技能教养法的原则，帮助孩子找到需要学习的技能，并邀请另一方支持孩子学习技能，参与孩子的成长。

- 如果孩子在跟另一方家长相处一段时间后回到家里情绪暴躁，避免想当然地认定"孩子在与另一方家长相处时有过一些负面的体验"。相反，给孩子一些安顿情绪的时间，因为他们的坏情绪很可能只是由从一个住所搬到另一个住所的压力引起的。

- 只要有机会，就尽可能当着孩子的面，表达你对另一方为孩子的成长和幸福所做的一切。

害羞

家长有时候会担心自己的孩子过于害羞或胆小。如果你恰好是这样的家长，也许应该了解一个事实：对于大多数孩子来说，害羞和胆怯只是成长中的一个阶段。通常，这个阶段会自己过去，不必太担心。你担心得越少，就越容易让孩子相信这是他们正在经历的一个自然发展阶段。

另外，作为家长或者孩子的养育者也需要接受这样一个观念——孩子是不一样的，有些非常善于交际，有些则不然。这个世界上存在着各种各样的人，也有着可以包容我们所有人的空间。那些胆小或害羞的人身上通常有着社交达人身上所不具备的才能或天赋。

话虽如此，如果你确实很担心孩子过分害羞，或者你的孩子确实因为过于害羞而吃亏或受苦，你也可以尝试帮助孩子培养他的"社交勇气"。

培养孩子的社交勇气，或者任何勇气，最好的方式是采取循序渐进的做法，并让孩子感到是他们自己在掌控整个进程。你可以问问自己，对你来说，孩子的那个很小的却意义非凡的一小步是什么？孩子有了怎样一种行为或者出现一个什么迹象，就意味着"他开始不那么害羞了"或者"开始有一点儿社交勇气了"？是孩子能够跟他人打招呼吗？还是会跟某人打电话？或者能在课堂上举手发言，对老师的问题给出简短的回答？如果这样的一步对孩子来说太难了，可以先用手偶跟孩子练习社交技能。可以借助手偶扮演各种社交场合，安全地练习应对策略。

坏脾气

当孩子只有 2 岁的时候，他们应对失望的做法通常就是乱发脾气，包括哭、闹、踢、打和砸东西。这种反应是大脑皮层发育不成熟所致。或者换一种说法，即孩子还没有发展出控制愤怒和调节情绪反应的能力。

随着孩子逐渐长大，大脑发育更加成熟，能够更好地处理情绪时，这种坏脾气的问题通常就会自行消失。但是在有些孩子身上，这种发展过程似乎需要很长的时间，他们时不时发作的坏脾气常常令家长不知所措。

在孩子还很小的时候，帮助他们克服坏脾气的最好方法是不要太理会他们的极端反应。或者，如果可能的话，把小孩子抱到你的腿上，试着让他们平静下来，比如你可以用柔和的声音和他们说话或抚摩他们的头发。不过，这些对小孩子有效的方法通常对大孩子是无效的。事实上，往往会让事情变得更糟。

有一次课程结束后一位妈妈走近我，问我是否有空跟她说几句话。她想知道我是否认为她对 6 岁儿子的处理方式是错误的。

她告诉我，很多年以前，她的儿子还只有 6 岁的时候，经常爆发不可控的坏脾气，不仅在家里，在公共场合也是如此。有一次，儿子又在超市里大闹起来，无可奈何的妈妈突然做出一个出乎意料的举动。

"我也不知道为什么，"妈妈解释道，"我真是烦透了他的坏脾气，一点儿招儿都没有了。也不知道是什么附体，我也一下子躺到了地上，开始像我儿子一样在那里大吵大闹，乱踢乱蹬。"

"然后呢？后来怎么样了？"我很好奇。

"我儿子突然停止了发脾气，站起来走到我的面前试图阻止我。'妈妈，快起来吧！别这样了。太丢脸了！'他急切地对我说，好像他从来没有这样乱发脾气让我丢过脸一样。"

我很佩服这位妈妈的创意和勇气。我问她，她的举动是否对儿子产生了持久的影响，或者只管用了这一次。

"哦，那次之后，有那么几次他刚要发脾气，我注意到了之后立刻告诉他，他闹我就闹，然后他就没敢闹脾气。还挺管用的。"

"你问我是否认为你的做法是错的，"我说，"我觉得你的做法挺聪明的。我想不出你的行为会对孩子的发展造成什么伤害。相反，他可能会为你这个富有创意和大胆的妈妈感到骄傲。"

为了克服坏脾气，孩子们需要培养自我控制的能力。这是我们每个人在生活中都需要拥有的技能。我们需要学会用语言而不是拳头和武器解决冲突的能力。

如果你想帮助孩子摆脱坏脾气的困扰，可以跟孩子一起为他的坏脾气找一个词，或者说给他的坏脾气起个名字。什么词都行，只要是孩子能接受或感觉合适的词。例如，发作、爆发、爆炸、暴怒、愤怒、炸裂、失控等。给坏脾气起名字可以让我们更方便地谈论这个问题，也容易跟孩子探讨防止坏脾气暴发的方案。

你可以继续跟孩子谈论，当他们不高兴时做些什么（这里的重点是动词"做"），能够帮助他们冷静下来而不爆发坏脾气："在你变得很生气时，做些什么能帮助你冷静一点儿，让你不进入失控的状态？"

你需要帮助孩子想出一些在情绪激动时可以冷静下来的方法。有很多方法可以帮助孩子在生气时冷静下来，例如，从 1 到 10 数数，慢慢地吸气和呼气三次，说一些能让自己平静或自我安慰的话，跺跺脚发泄一下情绪，立刻离开现场，以及找别人倾诉，等等。有一个 5 岁的男孩想出了一个特别可爱的主意，让自己生气的时候不再哭泣、喊叫和打人。当老师问他需要学会什么技能来避免发脾气时，他回答说，他需要学会生闷气。尽管这个男孩年纪很小，但他似乎对学习自我控制的过程有深刻的洞见。确实，培养这项技能的第一小步就是要学会有所控制地"生闷气"，而不是完全不受控地发泄出来。

一旦你跟孩子达成一致，明确了怎么做让自己冷静下来，就要设法为他们提供大量练习这项技能的机会。例如，你可以和孩子一起玩游戏，让他们假装因为什么事生气了，然后再演一演是如何用某个策略让自己平静下来的。俗话说，熟能生巧。

别忘记跟孩子讨论提醒技能的方式："我知道这项技能对于你来说并不那么容易学。如果哪天你忘记了这项技能，我看到你的情绪要失控了，或者已经失控了，你希望我或者其他人怎么提醒你呢？"事先约定好一个大家都能接受的手势或暗号，比任何形式的口头提醒可能都要好得多。

提示： 如果你想了解帮助孩子克服暴脾气的具体做法，可阅读上一章中 12 岁的范妮的故事。

揪毛发

揪毛发是一种非常顽固难改的坏习惯，医学术语称之为"拔毛癖"，用来指拔头发、眉毛或睫毛的习惯。

家长善意的劝说或提醒，比如"不要揪头发"或"别再揪了"，并没有太大的帮助。事实上，还可能会加剧问题。

关于这个顽固的习惯，专业文献推荐了一种方法，即不把聚焦点放在停止或摆脱坏习惯上，而是尝试用另一个不那么糟糕的习惯取代这个坏习惯。这个建议背后的理由是，如果你能成功地用另一个习惯取代你的坏习惯，你就更有可能克服新的替代习惯。

如果你的孩子有揪毛发的坏习惯，不妨跟孩子谈一谈，一起找出适合他的替代习惯，取代揪毛发的习惯。也许，孩子会愿意找一些气泡塑料包装材料，当感觉忍不住想揪毛发的时候，去捏捏那些泡泡？或者跟孩子一起挑选一些特殊质地的碎毛皮，让孩子带在手边，当他忍不住想揪毛发的时候就去揪那个碎毛皮上的毛？再或者孩子自己还有什么更好的主意。为孩子提供多样化的替代品，让他们自己决定使用什么来替代旧习惯。

使用技能教养法帮助孩子练习和养成新的替代习惯时，要格外留意"提醒"这一步。重要的是，跟孩子达成协议，在孩子（可能他自己也没有意识到）再次开始揪毛发时，你和其他的支持者如何用一种温和而有趣的方式提醒他们使用替代方式。

恐惧

孩子会有各种恐惧，这很常见。跟成年人一样，他们也会对任何事情产生恐惧。孩子们常见的恐惧包括怕小虫子、怕动物、怕黑暗、怕见人、怕打针、怕看牙医、怕迷路、怕站在高处，孩子也会对呕吐、流血、怪物、强盗、酒鬼或发生在父母身上的坏事等产生恐惧。只要你能想到的，都有可能引起孩子的恐慌。

恐惧是我们生命中的一部分。人类的大脑就是这样被设定的，一旦对某件事形成恐惧反应，这种反应就会存留在我们的大脑当中，并非常容易被再次激发，除非我们刻意采取什么措施克服这种习惯性反应。

不论孩子恐惧的是什么，你都可以帮助他们战胜这种恐惧。最好的帮助孩子战胜恐惧的方法是不跟他们谈论恐惧，而是跟他们谈论如何培养战胜恐惧的勇气。

比如，如果孩子害怕狗，不要跟他谈论怕狗的事，而是跟他谈论勇气以及如何训练这个"狗勇气"。同样，如果孩子怕黑暗，不要跟他谈论黑暗，而是跟他谈论培养"黑暗中的勇气"。如果孩子害怕盗贼，不跟他谈论盗贼的可怕，而是跟他谈论"安全"以及如何建立安全感。总之，当你跟孩子谈论的是如何培养这些特殊的勇气而不是恐惧本身时，他们就更有可能参与到解决问题的讨论中，并跟你一起找到培养这种特殊勇气的方法。

比如，如果孩子害怕上学被欺负，可以想象自己获得了一个别人看不见的神奇防护罩，让自己刀枪不入，从而培养孩子的勇气。他们可以想象，如果在学校有人对自己说出难听话的时候，他们就可以打开这个防护罩，变得内心强大，百毒不侵，任何刻薄的话语都不会伤害他们。

另外一个运用想象力帮助孩子培养特定勇气的方式是，让孩子想象自己拥有一个隐形的保护者——一个朋友、一个动物或者一个超级英雄——在他们感到恐惧的时候站在他们身后。有一个小男孩总是害怕怪物晚上进到他的房间。他和他的爸妈一起想出了一个好主意，晚上睡觉前在房间的地板中间放上一些糖果，这样一来如果怪物来到房间就会忙着品尝这些糖果，而不打扰他。怪物吃饱糖果后就会离开他的房间，继续他们的夜间巡视了。

帮助孩子培养勇气最有效的做法是，让孩子依照自己的情况一小步一小步地改善自己的状态。害怕狗狗的孩子可以先练习与毛绒玩具狗接触，然后与小狗接触，再慢慢地让体型较大的狗靠近并闻闻他们。同样，害怕蜘蛛的孩子如果需要培养"蜘蛛勇气"，可以从阅读书中有关蜘蛛的文字开始，然后看蜘蛛的照片，再看有关蜘蛛的视频等，最后慢慢地在现实生活中接触活蜘蛛。

出于某种原因，对孩子来说培养勇气比克服恐惧更加容易。当你不跟孩子谈论他们的恐惧，而是谈论培养某种特殊勇气的时候，他们更容易跟你谈论这个话题，并发明出各种富有创意的方法，练习和培养这种勇气。

提示： 上一章中 7 岁山姆怕狗的故事提供了更详细的关于这个主题的信息。

拉裤子

　　"拉裤子"的问题是指 4 岁以上的健康孩子总是拒绝去厕所排便而经常性地把大便拉到裤子里。这些拒绝上厕所的孩子会一直憋着大便，直到憋不住把大便拉在裤子里。有些孩子出现这类问题是跟便秘或者排便疼痛有关，但大多数情况下问题的成因都是令人不解的疑团。

　　专家们通常认为，只有找到孩子拒绝上厕所的根源才能解决孩子拉裤子的问题。然而，这件事"说起来容易，做起来难"，因为连孩子自己都说不清他们为什么不想去厕所。专家们有各种各样的解释，但很难说哪一个解释才是正确的。

　　也许，我们可以换个角度，问一个更好的问题："孩子需要学习一项什么技能，就能不再拉到裤子里了？"一个可能的答案是"他们需要学会有规律地上厕所"，也有可能是"他们需要培养上厕所的勇气"。不管孩子要学的技能是什么，我们都有可能跟孩子一起找到好玩的、富有创意的方式练习这项技能。

　　澳大利亚已故家庭治疗师迈克尔·怀特（Michael White）20世纪 80 年代讲述过一个富有创意的方法，帮助有拉裤子问题的孩子，即众所周知的"小鬼便便"（Sneaky Poo）法。怀特跟孩子和家长解释说，孩子拉裤子不是家长的错，也不是孩子的错，它是由一个叫"小鬼便便"的可恶的小生物造成的。这个"小鬼便便"专门攻击小朋友，故意让小朋友把大便拉在裤子里。怀特这样解释是为了帮助孩子和家长从一个新的视角看待这个问题，将其看作是"小鬼便便"的恶作剧，而不再把它看成是一个严重的心理问题（因为专家们经常把他们引到这个方向上）。一旦所有人都接受了这个说法，就可以制定一个"治疗方案"，一起抵抗"小鬼便便"的袭击，并把它送回老家。

怀特会邀请全家人一起思考"小鬼便便"喜欢孩子做什么和不喜欢孩子做什么。通常，大家很快会找到一件"小鬼便便"不喜欢孩子做的事，即"有规律地上厕所"。这个观察结果很容易让大家制定出抵抗"小鬼便便"的策略，即让孩子有意识地定时去厕所，并在马桶上坐一会儿。

另一种抵抗"小鬼便便"的方式是让孩子跟"小鬼便便"进行比赛。在家庭治疗的会议上，治疗师要求全家人一起绘制一张家庭住房平面图，包括周边的环境。然后，让孩子在平面图上指出"小鬼便便"通常袭击他们的那些地点。在接下来的一周里，全家要组织一场"比赛"，让孩子从图上标记的不同地点（即"小鬼便便"曾袭击过孩子的地方）跑向厕所。这场比赛的目的就是要比"小鬼便便"跑得更快。一个家长负责为孩子准备合适的比赛装备，通常是孩子喜欢的超级英雄的服装，而另一个家长负责用秒表计时孩子的奔跑时间。

在"小鬼便便"法中有一个有趣的细节引起了我的注意。参与治疗的家庭有时会在下一次会议回来时向怀特报告说出现了"倒退"。他们说,"小鬼便便"法开始时是有效的,但过了一段时间后,问题又复发了。对于"问题的复发",怀特的处理方式极富创意。他说:"哦,对不起,都是我的错。我忘了告诉你们关于老虎的事了。当这个'小鬼便便'发现孩子已经受够了、一心要把它赶走的时候,就会开始奋力反击。这时候你需要用老虎帮助你打败它。因为这个'小鬼便便'胆子很大,它怕的东西不多,却很怕老虎。"孩子们一旦得到了这个额外信息,就会开始利用它。例如,他们会画一些老虎的图画贴在厕所的墙上,或者给自己找一个毛绒老虎作为特别的支持者。我觉得怀特用老虎做支持者的想法非常聪明,所以我把这个点子加到了我在本书中描述的技能教养法中。

怀特开发的"小鬼便便"法是革命性的。他确信无疑地向我们表明,即使是那些通常被认为严重的儿童精神障碍问题——"拉裤子"就是这类问题的一个典型代表——也可以用一种有趣的方法解决,而家长可以在支持和帮助孩子克服问题的过程发挥积极的作用。

如果你的孩子有拉裤子的问题,不要太在意"专家"的想法,不妨试试这里提到的技能教养法。把孩子"拉裤子"看成是孩子还没有掌握"有规律地定时上厕所技能"的一个表象。让孩子给"如厕技能"取一个好玩的名字，并用有趣的游戏进行刻意的练习，支持他们掌握这项技能。

如果不管是什么原因，你的孩子都觉得"有规律地定时上厕所，坐在马桶上"太难了，对他来说进步的幅度太大，你可以帮助他想想看，有没有更小的一步？比如，你的孩子可以通过做一些"小鬼便便"可能不希望他做的其他事情来启动这个项目，像是学会自己处理"事故现场"。孩子可以先从自己换衣服开始：脱下弄脏的衣物，把它们放进洗衣机里，清洗干净，最后穿上干净的衣服——所有这些都是在没有父母帮助的情况下独自完成的。当然，这样的技能都是"小鬼便便"不希望孩子们拥有的！

提示： 欲了解更多关于这个主题的信息，请参阅上一章中 5 岁男孩艾伦的故事。

尿裤子

白天尿裤子

"白天尿裤子"是指一个健康的孩子按照他的年龄，本应能够保持白天裤子的干爽，但是却每天都有至少一次甚至多次尿湿裤子的情况。这种情况也就是医学术语中所说的"日间遗尿症"。

让孩子在白天戴着尿不湿以解决这个问题，会推迟孩子保持干爽的学习进程。最好的做法是，想一想"孩子需要学习一项什么技能就能不再尿湿裤子了"。

某所幼儿园里有个 3 岁的男孩，非常好动，每天都有尿湿裤子的状况，有时候一天需要换好几条裤子。幼儿园的老师说，这个男孩太活跃了，玩起来根本顾不上停下来上厕所。老师们了解到技能教养法后一起坐下来思考："这个男孩需要学习一项什么技能呢？"他们得出的结论是，这个男孩需要学会"每隔一段时间停下来，倾听一下自己的身体"。换言之，他需要停下来，站在原地静止几秒钟，感受一下自己的身体有没有想要撒尿的感觉。如果他觉得自己需要去一下，哪怕只是一点点，也必须去；如果他没有想尿的感觉，就算了，继续做他正在做的事。

一位老师向男孩解释了这项可以帮助他避免尿裤子的技能。她告诉这个男孩，她会在一天里几个适当的时候给他一个手势，提醒他"停下来倾听自己的身体，感受自己是否有上厕所的需要"。男孩明白这项技能的好处，表示愿意学习。他们还发明了一个游戏来帮助这个男孩掌握这项技能。游戏是这样的：男孩在看到老师的提醒手势后，要立刻进到厕所，走到马桶前停下来，问问马桶："你需要我的尿尿吗？"然后，等待马桶的回答。如果马桶说："不，我现在不需要你的尿尿。"男孩就会回去继续玩耍。但如果马桶说："是的，求你了，我需要你的尿尿。"男孩就要解开裤子，把他的尿尿送给马桶。这个男孩迷上了这个游戏，很快学会了控制膀胱、保持裤子干爽的能力。

一位外婆跟我讲述了她在女儿女婿外出度假一周的期间帮助照看小外孙女的同时，是如何教会小外孙女保持裤子干爽的。外婆拿着一个娃娃，弄湿了娃娃的裤子，对小女孩说："宝贝，你看，这个小娃娃尿裤子了。我们来教它用便盆尿尿好吗？"女孩欣然同意，两个人联合起来教娃娃坐在便盆上的技巧。"咦，娃娃怎么知道她需要去坐便盆呢？""娃娃感觉自己需要尿尿时，该怎么办呢？""这个娃娃应该在便盆上坐多长时间呢？""尿尿以后娃娃要怎么擦屁股呢？"一步一步地，在教会娃娃使用便盆技能的时候，小女孩也掌握了同样的技能。

孩子的父母度假回来时，女孩自豪地告诉他们，她白天再也不需要使用纸尿裤了，因为她已经学会了使用便盆。

提示：如果你的孩子也有尿裤子的问题，请参阅上一章中 6 岁桑尼的故事。

夜间尿床

"夜间尿床"是指孩子虽然已经足够大了，但还会在夜里睡觉时尿湿床铺的现象。能够整夜保持床铺干爽是孩子们通常在 3~4 岁时发育完成的一项生理技能。但对于一些孩子来说，由于未知的原因，这项能力的发育完成需要更长的时间。幸运的是，保持整夜干燥是孩子们可以刻意练习和学习的技能。

要想帮助有尿床问题的孩子，首要原则是不把重点放在"减少尿床"上，而是放在"增加干爽床铺的夜晚"上。你可以在孩子房间的墙上贴一张日历，用来标记那些早上起来拥有干爽床铺的日子。你也可以提前与孩子达成协议，在日历上标记出多少个干爽床铺的日子，你就会跟他一起庆祝，以及如何庆祝。

帮助孩子了解他们的膀胱是如何工作的，是一件很有意义的事。借助绘图的方式，可以向孩子解释大脑和膀胱是如何通过神经连接起来的。你可以画一张简易人体图，有脑袋，有身体，身体里还有储尿的膀胱，然后顺手在大脑和膀胱之间画一条线——代表连接两者的神经通路，膀胱上应该有某种阀门或开关通往尿道，由大脑指挥打开和关闭这个阀门。当一个人上厕所的时候，大脑就会指挥膀胱打开它的阀门，让尿液流淌出去。而在其他时候，包括晚上睡觉的时候，大脑就会要求膀胱保持阀门紧闭。不过，如果晚上睡得太香、太沉，你的大脑有时候就会忘记通知膀胱闭紧阀门，或者收不到膀胱发来的"储存已满"的信号。当膀胱积满尿液的时候，就自己打开阀门让尿液流到了床上。

当孩子了解他们的大脑是如何控制膀胱开关的时候，你就有可能调动孩子一起想办法了。想想如何才能让他们的膀胱阀门整夜保持在关闭状态？你可以教给孩子通过某种形式的自我催眠或确认来做到这一点。比如，教给孩子在入睡前闭上眼睛的时候，让大脑给膀胱发送信息，并重复3次："我亲爱的膀胱，请记住保持整夜关闭，等我早上醒来的时候再去厕所小便！"同时，帮助孩子养成睡前解手、排空膀胱的习惯。另外，白天上厕所的时候，孩子也可以做一些"大脑—膀胱发送信息"的训练：憋一下，放出来，再憋一下，再放……如此，每次撒尿都练几下，不仅训练了大脑的信号传递，也加强了括约肌的训练。

强迫症

强迫症（Obsessive-Compulsive Disorder，OCD）是一个医学术语，指的是一个人患有持续的、不切实际的担忧或恐惧（病态性的），从而试图通过某种迷信的重复性行为或仪式（强迫性的）来与这种恐惧感作战。例如，一个患有强迫症的孩子可能会在睡觉的时候担心家里的门没有锁好，窃贼会在夜间进入房间。为了克服这个恐惧，孩子需要查看和确认房门是否锁好了（强迫性的）。但是过一会儿那个担忧就会又跑回来，孩子会再次要求父母去检查并确认房门是否锁好。这种不切实际的担忧和一次又一次地要求检查房门的行为可能要重复很多次。

对细菌或污垢的恐惧是强迫症的另一个常见表现。例如，害怕细菌或污垢的孩子总是担心自己的手太脏了，尽管他们几分钟前刚刚仔细洗过手。为了克服这个恐惧，孩子会反复洗手。强迫症患者的担心有一个显著的特征就是，他们担心"如果不这样做，就会发生一些可怕的事"。这种担忧让孩子体验到强烈的焦虑感，进而引发强迫性行为；为了摆脱这种想象的恐惧，孩子经常要求家长一遍又一遍地给予担保或安慰。如果家长屈服于孩子对安慰的要求，他们会很快发现，孩子从这种安慰中得到的安全感是非常短暂的。

各种不切实际的担忧和强迫性行为在孩童中是很常见的。有些孩子早在幼儿园时期就有一些表现，更多地发生在孩子上学以后。

幸运的是，这种担忧或恐惧在大多数情况下都是比较轻微和暂时性的。但由于某种未知的原因，有孩子会持续保持或发展这种不切实际的担忧，以及用强迫性仪式应对担忧的倾向，并开始给自己，甚至整个家庭带来难以言说的苦恼。

强迫症最常见的担忧表现是"检查"或"安全确认"。意思是孩子要一遍遍地去"确认"，例如，炉子是否已经关闭，蜡烛是否已经熄灭，或者房门是否已经锁好。生活中许多孩子都会有不止一次地检查各种东西的表现，但"强迫症的检查"是严重重复的，而且如果检查无法完成，孩子就会生出强烈的焦虑感。以下是一些常见的儿童强迫症和强迫性行为的例子。

排序：意思是孩子觉得他非得按照"正确"的顺序摆放物品，如果没有完全按照"正确"的顺序摆放好，就会一直去整理。比如，有些孩子会觉得必须把每一个可爱的玩具和玩偶用对的姿势摆放在对的位置上，或者必须用特定的方式消除床罩的褶皱。

囤积：意思是孩子在家里收集垃圾物品或者一些在大街上或其他地方发现的毫无价值的物品。如果有人试图干预他们的"藏品"，他们会感到极度焦虑。

重复：意思是指孩子迷信地重复一个或几个动作，认为这样可以避免某些想象中的坏事发生。例如，他们会敲桌子三次，或者在心里默念某个特定的词语若干次，以确保没有坏事发生在他们或家人身上。

担心犯下致命的错误：意思是指孩子因为担心自己犯下了对自己或家人造成严重后果的可怕错误而经历的强烈焦虑感。为了克服这种焦虑感，孩子不断地向家长寻求安慰，让他们确认，自己没有犯任何错误，或者不会发生什么坏事。

每个人都会有担忧，而且每个人有时候都会出现不必要或夸张的担忧。幸运的是，大多数人都能找到一些方法应对那些不切实际的担忧或者自己想象出来的不太可能发生的坏情况。我们可以忽略它们，不把它们当回事。我们可以放下焦虑引发的想象，但强迫症患者似乎缺乏这种能力。那些担忧占据着他们的头脑，不管他们多么努力，都无法放下。放下，或者不过度关注脑子里闪现的可怕的预感，是我们为了更好地享受生活必须学会的一项重要技能。

如果你的孩子有强迫症问题，请提醒自己，过度担忧和那些仪式行为是孩童时期非常常见的"大脑故障"，大多数情况下这些问题都会随着时间的推移而自行消失。然而，如果孩子的担忧或仪式行为持续存在，并给你的孩子和整个家庭带来困扰，那么你就应该尝试找到一些方法来帮助你的孩子克服强迫症的想法或行为。

对于孩子患有强迫症的父母来说，第一条经验法则是，如果孩子因为过度担心而要求家里做出各种特殊安排时，你要尽最大努力抵制这种要求。比如，如果你的孩子害怕细菌或污垢，要求每次有人用过卫生间都要更换浴室里的所有毛巾，你就要站稳自己的立场，抑制住"接受他们的无理要求去帮助他们"的诱惑。屈从于孩子强迫症产生的需求会暂时缓解孩子的焦虑，但从长远来看会加剧他们的问题。我们需要做的是，帮助孩子理解我们每个人都有担心。如果不想我们的生活被担心所控制，就需要学习忽略它们，或者耐心地等待它们"自己来，自己走"。

为了能够跟孩子更好地谈论强迫症的问题，你可以跟孩子一起为他的强迫症发明一个名字。你的孩子可能已经有自己的描述来形容他的"大脑故障"，但如果没有，请随意提出一些建议。有一个家庭，他们把孩子的强迫症想法称为"愚蠢的担忧"；在另一个家庭，他们称之为"有趣的恐惧"。一个男孩管他的强迫症叫作"我的特别过错"，另一个男孩管它叫"讨厌的念头"和"卡在里面"。你可以跟孩子一起头脑风暴，让孩子自己决定他们想把自己的担忧或仪式行为称为什么。

没有人知道是什么导致了强迫症这样的担忧和仪式行为，但是给孩子一个合理的解释或许可以帮助他们找到解决方案。比如，你可以这样说：

"我们每个人有时都会有这样那样的担忧和恐惧，其中许多担忧和恐惧都是没有必要的，即使它们出现在脑海的那一刻让我们感到很害怕。如果能耐心地等那么一会儿，它们通常就会被其他想法取代而消失。"

你还可以跟孩子说：

"这些担忧或恐慌一定是由某种生物引起的，比如，据说有一种不知道从哪里冒出来的'担忧小妖'就专门干这样的事，这类生物会把各种担忧的想法装到孩子的脑袋里。"

如果孩子能够把陷入担忧看成是某种想象中的生物引起的，而不是自己的过错，他们就更容易想出某种办法应对这个问题，忽略头脑中冒出的担忧。如果孩子认可你的这个说法，觉得这个想法不错，你可以让他把那个想象的生物画出来。让孩子画出引发担忧的生物（比如"担忧小妖"）会有助于孩子远离自己的问题。

在一起发明新方法帮助孩子摆脱担忧的魔咒之前，先看看孩子自己是不是已经有些什么有效的方法了。你也可以跟孩子分享一下你自己偶尔用来应对担忧的方法。跟孩子解释，每个人的脑袋里每天都会不断跳出各种各样的担忧和恐惧，我们都必须想办法处理它们，放下它们，这样我们就不会被它们过度打扰，就不会让我们的生活变得很悲惨。

假如孩子觉得"是担忧小妖这样的生物引发了我的担忧"的想法很有意思，你就可以顺着这个想法，跟孩子一起发明抵抗"担忧小妖"或者什么其他引发担忧的生物并攻破其魔咒的策略。有了担忧生物的图画，孩子通常更容易想出反击、抵抗或推翻这种生物的点子。比如，孩子可能会开始用"故意不执行担忧小妖要求的检查仪式"，或者"故意忽视担忧小妖强加给他们的担忧和恐惧"来抵制这个担忧生物。

我们的长期目标是帮助孩子学会忽视他们的迷信恐惧，但这一切"说起来容易，做起来难"。更可行的做法是从一个更小的目标开始，比如能够"暂时忽略那个担忧"，或者"让那个担忧多等一会儿再处理"。比如，如果孩子上床睡觉时跟你说了他的一个担忧，你可以把这个担忧写在一张纸条上，然后把纸条塞到孩子的枕头底下。第二天早上孩子起来的时候，可能会高兴地发现，他担忧的事情并没有发生，或者他的那个担忧已经走了，不再困扰他了。

手足相争

如果你有不止一个孩子，凭经验你就知道，兄弟姐妹之间难免有争吵、打架并竞争的倾向，他们有时甚至会有彼此攻击的行为。有些孩子会用恶劣的方式对待自己的兄弟姐妹，甚至欺凌自己兄弟姐妹的状况也不少见。

孩子们似乎能够很好地适应与兄弟姐妹之间持续不断的斗争。但是父母往往会因为孩子之间的争吵感到苦恼，他们不得不不断地出手干预、调解孩子们之间的纷争。

"手足相争"（Sibling Rivalry）一词通常用来指兄弟姐妹之间不断地争吵和争辩。这一用词的选择本身也暗指，这个问题是由兄弟姐妹之间的竞争和嫉妒所引起。这样的解释不论真假，我怀疑它是否有助于我们找到问题的解决方案。

同样的行为也可以有不同的解释。按照技能教养法的解释，兄弟姐妹之间不断地争吵是由于孩子们缺乏某些技能，或者说尚没有培养某些技能所致，比如，缺乏照顾彼此、善待彼此和相互帮助等"手足相帮的技能"。将手足相争的问题看成是一种缺乏技能的表现，会有助于我们找到解决方案，因为这样一来我们就可以帮助孩子培养那些美好的品行，而这样做比试图减少不好的行为更容易。换句话说，培养善良、宽容和乐于助人的品行比克服嫉妒、嫉恨和竞争的问题更容易一些。

兄弟姐妹之间有着天然的联结，他们生来就有互相帮助和支持的意愿和能力。然而，如果孩子们没有足够的机会练习和使用它们，手足间相互支持的能力有时就会进入休眠状态。手足相帮的能力体现在一系列"手足相帮技能"中，而这些技能都是可以通过不断练习和使用来发展和巩固的。

为减少兄弟姐妹之间的争吵，与其责怪他们的争吵，不如创造机会增强他们的手足之情。跟他们谈一谈"手足相帮技能"，让他们自己决定要学习哪些技能以增强手足之情，也就是说学习哪些技能能够促进兄弟姐妹之间更好地相处，并一起看看有什么好办法学习和练习这些技能。

以下是我收集的一些有关"手足相帮技能"的例子，你可以帮助孩子练习这些技能，学会更好地相处：

- 关爱技能——有能力关心照顾兄弟姐妹；

- 友善技能——有能力友善地对待兄弟姐妹；

- 游戏技能——有能力跟兄弟姐妹好好玩耍；

- 帮助技能——有能力在兄弟姐妹需要帮助的时候给予帮助；

- 爱的技能——有能力对兄弟姐妹表达温暖的感情；

- 感谢技能——有能力在得到兄弟姐妹的任何帮助时真诚地表
  达感谢；

- 鼓励技能——有能力在兄弟姐妹学习新技能的时候给予慷慨
  的鼓励；

- 导师技能——有能力耐心教授兄弟姐妹；

- 分享技能——有能力跟兄弟姐妹分享玩具和其他东西；

- 妥协技巧——有能力独立化解冲突。

你可以用一些练习帮助孩子学习"感谢技能"，比如，养成在
晚餐时与孩子讨论成功的习惯。"塞缪尔，该你了。你能说说今天
做了什么让自己感到骄傲的事吗？或者说，你今天成功地完成了哪
些事？""你呢，安东？"在孩子们谈论自己今天的成功时，帮助
他们思考如何相互感谢。"我们都为你感到骄傲，塞缪尔！你做得
很棒！谢谢你的分享。有谁帮助你了吗？安东有帮到你吗？他是怎
么帮助你的？你想感谢他什么呢？""你呢，安东？塞缪尔有帮助
你吗？你要谢谢他什么呢？"

开始的时候孩子可能不太懂得为自己的成功互相感谢，但是你
可以帮助他们逐渐学会为自己的成就感谢他人——他们互相感谢越
多，彼此之间的争吵就越少。

双相情感障碍

双相情感障碍（Bipolar Disorder），以前被称为"躁狂抑郁症"，曾经是一种只有成年人才能被确诊的疾病。为儿童确诊躁狂抑郁症的想法是 1969 年在瑞典被首次提出的，但正式为儿童做出这一诊断的突破发生在 1995 年的美国，发表在《儿童双相情感障碍发病：一个被忽视的临床和公共卫生问题》的文章中。

儿童双相情感障碍（Paediatric Bipolar Disorder，PBD）是一个极具争议的诊断。在以药物治疗为主导的美国，其境内被确诊患有躁狂抑郁症的儿童数量在过去几十年里激增。今天，即使是蹒跚学步的幼儿在美国得到这种诊断的也并不罕见。

欧洲的儿童精神科医生在为儿童做出这种诊断时要谨慎得多。在美国，一直有人试图阻止对儿童过度使用此诊断和相应的药物治疗。PBD 的诊断目前已从官方的精神问题分类系统《精神障碍诊断统计手册（第 3 版）》（*Diagnostic and Statistical Manual of Mental Disorders*，DSM-5）中删除，医生被引导对儿童使用其他诊断，一个流行的替代标签是新增的叫作"破坏性心境失调障碍"（Disruptive Mood Dysregulation Disorder）的诊断。

儿童双相情感障碍的诊断之所以引发争议，主要是因为它的定义过于宽泛和模糊，几乎任何情绪变化太快或经常发脾气的儿童都有可能被诊断为 PBD。批评者说，PBD 的诊断只不过是一个无中生有的标签和制药行业大规模市场营销的产物。有了这个标签，就可以名正言顺地为孩子开出抗精神病药物和其他强效精神药物。

无论孩子是否得到了这种令人生疑的诊断，你都可以通过技能教养法帮助他们提高控制过激情绪的能力。PBD 的诊断并没有告诉我们孩子具体有什么问题，但可以肯定地说，得到这种诊断的孩子会出现情绪的急剧变化和经常崩溃的状况。而这些问题，无论是否被诊断为 PBD，都可以通过技能教养法得到解决。

如果你的孩子有乱发脾气的问题，你可能首先想要帮助他们克服这个挑战。在"坏脾气"的议题里，可以找到如何处理孩子乱发脾气的一些指导原则和建议。一旦孩子控制住了乱发脾气的状况，他就可能会有兴趣并有动机用同样的方法来控制情绪波动问题了。

睡觉问题

孩子总是睡在大人的床上

有些孩子迟迟学不会独自睡在自己的房间或床上，家长就允许孩子跟自己睡在一张床上，或者做出一些特殊安排解决这个问题，比如，让一位家长陪孩子睡在孩子的房间里。

然而，长此以往，这种特殊安排就会成为家长的负担，对孩子也没有什么好处。此刻，你也许就该思考如何更好地帮助孩子学会在自己的床上入睡了。无论如何，这是孩子迟早都要学会的技能。

"孩子在自己的床上睡觉"是一项可以通过练习而掌握的技能。你需要向孩子解释为什么你希望他学会睡在自己的床上："我就会睡得更好，你也会睡得更好。如果我晚上能睡好，早上起来就更有精神，我的心情也会更好。你也一样，醒来时也会感到开心。另外，如果你能学会在自己的床上入睡，就可以邀请你的朋友们来咱家过夜。你的朋友们可能也想邀请你到他们家过夜啊。"

要确保家里的其他成员也同意你的意见——是时候让孩子学会睡在自己的床上了。如果孩子知道这不仅是你的愿望，而且是身边所有重要他人都希望他学习的重要技能，就会更有动力学习这项技能。

你可以在孩子的房间墙上贴一个日历。如果孩子能够独自安睡一晚上，就可以跟孩子一起在上面做一个标注或者贴一个粘贴画。你可以跟孩子达成约定，看看孩子在自己的床上独自安睡多少日，就可以全家人一起庆祝，并跟孩子事先约定好庆祝的方式。

孩子总是在夜里爬到大人的床上

很多孩子都有半夜醒来爬到爸妈床上接着睡觉的习惯。有些家长对孩子的到来表示欢迎，而有些则感到不胜其扰，无法安眠，尤其是床上的空间有限而孩子睡觉又乱踢乱蹬的时候。

如果你想要孩子学会整夜安睡在自己的床上，那么他需要学习的技能可能是"若半夜醒来，能够继续在自己的床上接着睡"。你可以跟孩子解释，"你已经是大孩子了，应该学会整晚睡在自己的床上。这是每个大孩子都要有的重要技能。"

帮助他们想一个有趣的名字，再请他们选一个可爱的布偶帮助他们学会这项技能。你还可以跟孩子一起发明一些好玩的游戏，帮助他们练习"在自己的床上接着睡"的技能。比如，假装已经到了晚上，孩子睡在自己的床上突然醒了，这时候他们可以做些什么帮助自己在自己的床上再次入睡呢？可以拍拍他们怀里的小泰迪熊，对它说："哦，你醒了！别担心，把眼睛闭上。有我这样搂着你，你就会马上再睡着的。睡吧睡吧。你马上就会睡着的。"

　　跟孩子达成约定，做到多少次整晚睡在自己的床上时就可以庆祝他们的成功了。之后，准备一个日历放在孩子的房间，在孩子成功做到的日期上做标记。如果整晚睡在自己的床上对孩子太有挑战性，也可以放慢步伐，先允许孩子半夜醒来后来到你的房间，睡在地板的床垫上而不是你的床上。

　　提示：可参阅上一章中 8 岁亚当的故事结尾部分。

说脏话

"说脏话"（Cursing）指的是孩子在讲话中使用不文明的词语或者是文化意义上应受谴责的词语，让大人感到气恼的问题。

无论孩子为什么这样做，运用技能教养法干预孩子说脏话的问题时，你需要关注的是孩子需要学习什么技能才能停止说脏话，而不是追究"孩子为什么这么爱说脏话"或者"孩子想通过说脏话达到什么目的"。

相较于让孩子停止说脏话或骂人，要求他们用其他稍微好一些的、不那么令人不安的词语或表达，代替他们使用的那些骂人的脏话时，孩子会更容易停止说脏话骂人的行为。

跟孩子探讨一下"说脏话"的问题，一起给他使用的所有脏话制定一份有创意的替换词语列表。例如，英语中四个字母的以F开头的脏话可以用"frack"或"freaking"代替，"poo"可以用"phooey"等替换（中文语境下可以用一些没有恶意的谐音词替代那些骂人或难听的脏话）。我相信你一定明白我在说什么。你可以向孩子建议，在哪些场景下开始使用好一些的替代用语，而不说脏话，并跟孩子一起启动一个项目，鼓励和激励孩子学习这项技能。

我确信有很多方法可以帮助孩子们改掉说脏话的坏习惯。我曾经遇到一位幼儿园老师，她用很自豪的语气告诉我，在他们那个幼儿园孩子骂人从来都不是问题。我问她，他们是用什么方法来处理这个问题的，她告诉我，他们幼儿园的墙上挂着一个用带子紧紧扎着的皮包，那是他们幼儿园的"脏话包"。如果哪个孩子不小心嘴巴里冒出脏话，老师就会把挂在墙上的"脏话包"取下来，解开带子，打开，放在孩子的嘴旁边，让孩子重复刚才的脏话，把它收进"脏话包"里。当脏话被关进"脏话包"里后，老师再把带子扎紧，挂回到墙上原来的位置上。

提示：请参阅上一章里爱说脏话的 8 岁男孩亚当的故事。

挑食

挑食是指孩子对吃的食物非常挑剔。例如，拒绝吃沙拉或蔬菜，或者只吃有限的几种食物而拒绝吃其他食物。一般来说，这样的问题会随着孩子慢慢长大而逐渐消失，很少会演变成严重问题，乃至危及孩子的健康和发育。不过，不管怎样，孩子挑食都是一个问题，因为这会使准备膳食变得麻烦或复杂，也常常引起家长的担忧。

你可以通过诱导挑食者提高他们的"品尝技能"或"尝试新口味和新食物的技能"来帮助他们。比如，带领孩子一起玩一种全家所有成员都参加的"品尝游戏"，发展他们的"品尝技能"。

"品尝游戏"一种可能的玩法是，每天和孩子一起品尝至少一到两种不同的新食物。例如，今天你们一起品尝橄榄和菠萝，明天品尝胡萝卜和腌黄瓜，后天品尝椰子和肉桂等。总是可以找到一些方法让游戏变得有趣。例如，我曾经跟我的两个女儿在她们很小的时候玩过这样一个游戏。每次要品尝一种新食物时，第一口我们都会做出极其夸张的厌恶表情，说："哎哟，味道太糟糕了！"然后，我们再吃第二口，但这一次我们会做出特别夸张的高兴表情，说："嗯，真是太好吃了！"这个游戏我们可以玩很长时间，一边吃一边反复交替做出夸张的表情，说："哎哟，味道太糟糕了！"或者说："嗯，真是太好吃了！"

需要的话，品尝新口味可以一小步一小步地完成。比方说，你想让孩子尝尝西红柿，但他们完全不肯。你可以建议孩子从"品尝想象的西红柿"开始。比如，吃三明治时想象着里面夹着一片看不见的西红柿。另外，你还可以记录孩子尝试过的所有新口味。当孩子成功品尝了一定数量的新食物时，就可以用某种方式奖励他们。

提示： 可参阅上一章中 4 岁女孩琳达的故事，可以了解更多关于这个主题的信息。

完美主义

完美主义的意思是孩子凡事都追求完美，无法容忍自己所做的事情有瑕疵或失败。努力追求完美的后果是，一旦所做的事情没有达到自己预期的结果，孩子就会感到沮丧、焦虑或发脾气。

追求完美的孩子会对没有达到自己不合理预期的情况做出强烈的反应。他们可能会自我诋毁，比如说："我什么都做不了！""我太笨了！""我很蠢！""我永远都学不会这些。"

完美主义的孩子需要学习的技能是"有能力接受或容忍不完美"，理解"没有人总是成功"，每个人都有犯错的时候。对完美主义的孩子来说，他的目标就是要学会用更放松的心态面对失败、错误和不完美，以及在游戏或比赛中的失利。

从容面对失败是一项重要的生活技能，许多自我要求过高的孩子在这方面都有很大的改进空间。所幸的是，这也是一项可以刻意练习并不断提升的技能。

有一个能够帮助孩子学习"容忍不完美"或"接受失败"的方法：每当孩子没有做好或感觉自己失败的时候，就可以大声说出一些自我安抚的话，比如，对自己说："没事儿。""没啥大不了的。""人生本来有赢有输，很正常！""我已经尽力了！""没关系，以后还有机会。"全世界所有的语言里都有类似的一些短语或谚语，能够帮助人们从错误和失败中快速恢复。如果遇到这样的情况，你自己愿意用什么样的短语来自我安慰？要是你不小心把自己为尊贵的客人精心烤制的蛋糕掉到了地板上，你会对自己说什么？如果有人从你的眼皮底下抢走了一个空的停车位，你会怎么办？或者你从商店回到家里时，忽然意识到你忘记购买你去那里本来最想购买的东西时，你会如何处置？如果你的孩子很难接受失败和错误，把你最喜欢的自我安抚短语教给他们吧，让他们慢慢学会像你一样，自然地应对生活中出现的各种不如意的状况。

玩火

很多孩子在成长的某个时期都会对火产生痴迷。他们想划火柴、点蜡烛、参与点燃壁炉里的火等。有些孩子对火的痴迷非常强烈，当被告知玩火危险并被禁止玩火时，会背着大人偷偷玩火。通常，当家长发现他们的孩子一直在玩火时，就会斥责孩子，并严厉警告他们不许再玩火。无奈的家长还经常威胁孩子：如果再发现他们玩火，就会严厉惩罚他们。

儿童玩火是一个严重的问题，特别是在那些由于长期高温和干燥而容易引发森林火灾的国家，这一问题尤为严重。澳大利亚的昆士兰州就是这样一个地区。正因为如此，当地有关部门开发了一个有效的干预措施应对那些被发现爱玩火的儿童。一些接受过培训的消防员会不止一次地登门，为需要帮助的孩子做一对一的辅导，讲解消防安全知识，指导孩子正确用火以及避险的方法，比如如何检查火警报警器是否正常，如何制订家庭救援计划，如何正确使用灭火器，如何逃离着火的房子，等等。他们的最后一次辅导会把孩子带到消防站，让孩子了解消防员的工作，参观消防站的环境、消防车和消防设备。参观结束时，孩子们会获得一枚令人印象深刻的徽章，上面写着"家庭消防安全员"。获得这一徽章的孩子，即获得了向家庭、朋友和同学们传播消防安全信息的资格。

这一项目是由昆士兰州消防局和当地心理学家共同制定并完成

的，有效地支持了那些因为孩子有玩火问题而头疼不已的家庭。这是一个强有力的例子，说明技能教养法也可以用于处理严重的、有潜在的极端危险的儿童问题。

虚构症

这里所说的"虚构症"（Confabulation）是指，学龄儿童像讲述真实故事一样跟其他孩子（有时也跟大人）讲述自己虚构的故事。他们虚构的故事通常都很夸张，耸人听闻。孩子的目的并不是要进行恶意欺骗，只是想刺激听者产生敬畏、同情或钦佩等情感反应。

孩子的虚构让孩子身边的人百思不得其解。人们不禁会问：到底是什么让孩子编出一个个这样的故事，并试图让人们相信这些故事的真实性？不幸的是，对于这个问题，可能很难找到明确的解释。与其努力查找问题的根源，不如换个角度看看："这个孩子学习一项什么技能就能自然地停止虚构故事？"例如，孩子需要学习的技能也许是"有能力说出真相"，或者"有能力清楚地分辨自己对别人讲述的故事中，哪些是虚构的，哪些是真实的"。

事实上，区分事实和虚构是所有孩子在成长过程中必须学习的技能。如果一个孩子到了上学的年龄还没有学会区分幻想的虚构和现实的描述，那么就该教给他这一技能了。

"明确区分事实和虚构"是一项孩子可以有意识地去学习的技能，有很多练习可以帮助孩子获得这项技能。比如，大人可以跟孩子一起做游戏，让参与者轮流讲述一个故事，其他倾听者则试图分辨出故事的真假。我曾在电视上看过这个游戏的一种版本，让每个参与者讲述三个故事，其他人试图通过向讲述者提出只能用"是"或"不是"作答的问题，猜测哪些故事是真实的，哪些是虚构的。

如果有虚构倾向的孩子愿意接受你的提议，同意学习"明确区分事实和虚构"的技能，那么接下来的重要一步就是确保有一群愿意帮助孩子学会这项技能的支持者。

"我们都很愿意帮助你学会这项重要技能！如果我们这些支持者怀疑你讲的故事不是真的，你希望我们怎么跟你说呢？如果我们这时候问你'这是事实还是虚构'或者'是真的还是假的'，你觉得可以吗？或者你更希望我们给你一个什么手势来表达我们的怀疑？"

"如果你讲的故事是真的，你会怎么回应我们？如果这是你编出来的故事，你会怎么回应我们？"

通常，人们对患有虚构症的孩子的反应与对说谎的孩子的反应很类似。他们会责骂孩子，甚至威胁孩子如果继续下去会有什么恶果。但你也可以从技能的角度来处理这个问题，把它看作是孩子需要学习的一项技能。这样一来你就不用责骂或训斥孩子，而是支持他们，帮助他们培养这项重要技能，让他们自动停止一本正经地讲述虚构故事的做法。

选择性缄默症

选择性缄默症（Selective Mutism）是指孩子能在家里与家人正常交谈，却拒绝与家庭以外的任何人，包括幼儿园或学校里的人讲话。当年在我进入精神病学领域学习的时候，选择性缄默症被看作是一种严重的潜在情绪障碍的表现。现在更普遍的看法是，选择性缄默症只是孩子患有某种社交焦虑的迹象：孩子害怕与"陌生人"交谈，而这里的"陌生人"指的是家庭成员以外的任何人。

用技能教养法应对恐惧基于的理念是，培养孩子的勇气比帮助孩子摆脱恐惧来得容易。如果孩子害怕与人交谈，可以通过锻炼自己的"说话勇气"来克服恐惧。

像培养任何勇气一样，培养孩子的"说话勇气"最重要的是帮助孩子慢慢地迈出一小步。与孩子一起制定出一个由小步伐组成的进步阶梯。例如，第一步可能是跟孩子玩一个玩偶游戏，用玩偶代表"陌生人"，让孩子跟玩偶进行交谈；接下来可能是试着在手机上回复其他人发来的信息；然后尝试用手机跟对方说几句话等。

一位小时候患有选择性缄默症的女士告诉我们，当年在爸爸妈妈的鼓励下，她培养"说话勇气"的第一个重要步骤是早上和一位同学打招呼，说"你好"。

如果你的孩子害怕与家人以外的任何人讲话，要试着理解他。

请记住，孩子可能会对任何事情感到恐惧。各种社交恐惧在儿童和成年人中都很常见，而选择性缄默症就是社交恐惧的一种。

有很多方式可以支持孩子克服他们的恐惧：称赞孩子迄今为止在培养"说话勇气"方面所做的任何尝试或取得的任何进步，无论多么微小；对他们所做的任何努力都给予积极的反馈；帮助他们想出一些游戏或练习，让他们能够安全地学习和发展——缓慢但是确定的——与他人交谈的勇气。

咬人

这里说的"咬人"，指的是 3 岁以上的孩子在没有任何明显原因的情况下突然咬（抓或打）身边其他人（儿童或成年人）的情况。孩子的这种咬人（打人或抓人）行为非常令人费解，他们似乎没有任何可以解释的理由就会突然攻击他人，他们的行为好像跟愤怒或者失望等情绪也都没有什么关系。

几年前，我的一个好朋友为她 2 岁儿子持续咬人的行为向我咨询。为此，我对这个议题做了一些研究，发现了一种有趣的处理小孩子咬人问题的方法。这种方法是由"阿德勒育儿法"的支持者提出的。"阿德勒育儿法"基于奥地利精神病学家阿尔弗雷德·阿德勒的育儿理论，而该理论也是本书所提及的儿童技能教养法的研发灵感之一。

使用这种方法时，家长要用游戏的口吻跟咬人的孩子说："哦，我明白了，你是想玩咬人的游戏，对吗？"当孩子说"是的"的时候，家长就可以开始跟孩子"玩游戏"了。刚开始时，家长让孩子轻轻咬一下他们的手臂，然后家长用同样的力度轻轻回咬孩子的手臂；接着，家长让孩子再咬一下，但这次可以咬得稍微用力一点儿，而家长也同样再次回咬得用力一点儿。随着"游戏"的进行，咬人的力度变得越来越强，直到孩子喊痛，不想再继续这个"游戏"了。通过这个咬人的游戏，孩子会很快意识到咬人很疼，而且这个"游戏"一点儿也不好玩。需要强调的是，这个"咬人游戏"只是一种游戏，而不是惩罚孩子的方式。做这个咬人游戏的目的是要让孩子有机会了解咬人的感觉以及它对人们的影响，而不是为了训斥或责骂他们。

下面的故事是一所幼儿园的老师提供的，为处理孩子咬人这类问题提供了另一种有趣的解决方案。

一个5岁的小男孩有个很奇怪的习惯，他经常突然伸出双臂，猛然推倒身边的小朋友，把人家弄得大哭起来，有时还会受伤。这个小男孩似乎在这个吓唬别人的过程中获得了某种顽皮的满足感。老师们使用了各种传统的管教方式，包括责骂、讲道理和告知家长，试图让他停止这种危险行为，都无济于事。

最后，这位老师想出了一个很有创意的点子。她找到这个小男孩，跟他聊了聊，建议他尝试另一种"吓唬"其他小朋友的方法，看看是否可以用不一样的方式吓到其他小朋友，比如走近他们，在他们面前突然用力拍手。令老师惊讶的是，这个男孩很喜欢这个点子，还真的开始这么做了。当然，在别人面前突然用力拍手也不是一个好行为，但这个行为没有推倒别人那么糟糕，受害者对这一行为的反应也会完全不同。这个小男孩拍了几天手之后，很快就感到无聊了，便停止了这个行为，而且也没有回到从前推倒别人的老习惯里。

这个故事让我感到有趣的部分是，这个小男孩不愿意听从成年人让他停止坏习惯的尝试，却愿意接受这个新提议，用另一个不那么糟糕的习惯来代替他令人头疼的坏习惯，而这个替代习惯往往更容易放弃。

咬指甲

咬指甲是孩子常见的坏习惯。家长通常的干预方式就是告诉孩子"别咬指甲"。他们会对孩子说："不要咬指甲！"或者说："把手拿出来！"然而，这种看似很有道理的指示通常并没有什么用，有时甚至会使问题变得更糟。

最好换一个方法来解决这个问题：不是努力让孩子停止咬指甲，而是让他们对长出指甲感兴趣。这个方法的目标不是让孩子停止坏习惯，而是学会"照顾好指甲"或者"长出漂亮的指甲"。如果我们不谈论停止咬指甲，而是谈论长出美丽的指甲，孩子就更有动力做出改变。

专注于帮助孩子长出指甲的好处是可以一小步一小步地趋近目标。孩子不必尝试一下子长出全部 10 个指甲。相反，他们可以先长 1 个指甲，然后 2 个，再长第 3 个，一步一步地……他们还可以自己决定先长出哪个指甲。当一个指甲长出来的时候（即使孩子一直在咬另外 9 个指甲），我们就可以跟孩子一起用某种方式庆祝这个小小的成就。一个 10 岁女孩为了庆祝自己的成功，给新长出的指甲涂上指甲油，并在上面装饰了心形和其他好看的粘贴。

一旦成功地长出了一个指甲，孩子就会更感兴趣也更有信心长出更多的指甲。他们可以让指甲一个一个地长出来，直到全部 10

个指甲都长出来。有一家的爸爸妈妈跟他们 5 岁的儿子达成约定，等他成功地长出全部 10 个指甲时，就为他举办一场庆祝活动，可以邀请祖父母和两个最好的幼儿园小伙伴一起参加庆祝会。仅仅过了几周，这个庆祝活动就顺利地举办了。庆祝活动开始的时候，男孩的妈妈当着所有客人的面用指甲剪剪短了他的 10 个指甲，所有人都给予赞赏的掌声。剪完指甲后，孩子给客人端上了蛋糕和果汁。

提示：想要了解更多关于这个主题的信息，请参阅上一章里 7 岁男孩丹的故事。

抑郁症

20 世纪 80 年代在儿童精神病学中出现了一种新观点，认为儿童（不仅是成年人）也有可能患有临床抑郁症（Depression）。你若有机会查阅有关儿童抑郁症的书籍或互联网上的文章，就会发现专家们总会指出一点，即儿童抑郁症与成人抑郁症不太一样。与成年人的抑郁不同，情绪低落和绝望不一定是儿童抑郁症的主要特征。儿童抑郁症的主要症状可能各不相同，从敏感到自我诋毁，从易怒到情绪快速波动。当你阅读专家们撰写的这些关于儿童抑郁症的文章时，会不可避免地觉得这个概念的定义如此广泛，几乎任何患有心理问题的儿童都可以被诊断为抑郁症。

抑郁症的诊断与药物治疗如影随形。如果孩子被诊断患有抑郁症，那么就很有可能被要求服用抗抑郁的药物。目前在整个西方世界，针对未成年人抗抑郁药的处方数量激增。这一趋势之所以令人担心，不仅是因为这类药物有许多令人讨厌的副作用，还因为当治疗变得以药物为中心时，更多的关注就会被放在寻找正确的药物和适当的剂量上，而对改善孩子生活质量的努力和探索就会减弱。

我个人建议，应尽量避免使用抑郁症这一类的医学名词来谈论孩子的情绪和行为问题。因为医学名词，包括大多数诊断类别，似乎都在暗示"这是个严重的、持久的、难以医治的病症，只有专业的医生才有资格诊治"。我建议使用一些日常的普通用语来谈论孩子的状况，比如不快乐、沮丧、悲伤、忧郁、绝望，或者自我破坏等。使用抑郁症等医学术语很容易让人们联想到疾病、障碍和大脑功能紊乱等，而普通词语让人们联想到的是诸如丧失、失望和痛苦经历等自然原因。

在给专业人士讲课的时候，我经常半开玩笑地建议："与其给不快乐的孩子确诊为抑郁症，不如给他们确诊为 JHGH。"通常，我会先给他们一点儿时间猜猜看，这个缩写为"JHGH"的诊断可能是什么意思，然后我再透露它的构成——Joy Has Gone Hiding（快乐藏起来了）。我发明这个"JHGH"诊断的目的是想要传达这样一种理念，即孩子们的这种不快乐可能是因为"有不好的事情发生在他们身上了，使得他们暂时失去了享受生活的能力"。这个JHGH 的另类确诊可以引导所有关心孩子的人去思考，有什么更好的办法支持孩子，帮助他们恢复从前曾经拥有的享受生活的能力。

享受生活的技能是刻在人类基因里的密码。正常情况下，这是一种与生俱来的能力。然而，无论对孩子还是大人，它也是一种在某些情况下会暂时丢失的能力。所幸的是，无论我们因为什么而暂时失去了它，总可以在其他人的帮助下重新找回这种能力。

自卑

自卑的意思是这个孩子不相信自己有能力获得成功，觉得自己在某种程度上不如别人。与此相反的是，一个有良好自尊的孩子感觉自己跟其他人一样好，往往相信自己有能力取得成功。人们通常认为，自尊或自信是一种相对稳定的人格特征，但我们也可以把拥有较强的自尊看成是拥有一系列技能的表现，而这些技能都是可以通过学习来培养或不断提升的。

这里所说的相关技能包括：

● 看到自己的成功，并为自己的成就感到自豪的技能；

● 了解自己强项的技能；

● 欣然接受他人的称赞，并用真诚的感谢回应他人称赞的技能；

● 跟他人谈论和展示自己成就的技能；

● 能够接受失误或失败的技能；

● 在班级当众讲话的技能；

● 请求其他孩子一起玩耍的勇气；

● 称赞和鼓励他人的技能。

如果你想增强孩子的自尊或自信，对照上述这些相关技能，看看你的孩子在哪一方面还有提升的空间，以及如何帮助他提升这些技能。

提示：想要了解更多关于这个主题的信息，请阅读上一章中 8 岁女孩阿曼达的故事。

自我刺激

一些孩子在很小的时候就意识到了，触摸或摩擦他们的性器官会带来愉快的感觉。有些孩子会养成这样的习惯：男孩可能会通过玩阴茎来自我刺激（Self-Stimulation），女孩则会通过摩擦私处来自我刺激。

现代医学观点认为，自我刺激或自慰并没有什么伤害。但是，如果孩子在大庭广众之下有这样的行为，在如今绝大多数的文化环境中都会被认为是不适当的。如果孩子已经到了幼儿园或上学的年龄，还会在大庭广众之下做出这样的行为，家长或成年人就要进行干预了。你需要帮助孩子明白，这种用触摸或摩擦私处来取悦自己的行为是一种不应该在公共场所出现的私密行为。

如果你的孩子在公共场合出现这样的行为，你需要向他们解释，自我刺激的行为本身并没有问题，但这只是人们独处时才能做的私密之事，而不能当着其他人的面做。还有其他一些行为也不能出现在众目睽睽之下。比如，小幼儿可以当着其他人的面坐便盆大小便，但随着年龄增长，就要学会关起门上厕所。此外，所有的文化里都有关于裸体和示爱的某些规矩。比如，在一些国家里，情侣们在公共场所接吻被视为正常行为；而在另外一些文化中，即使只是手牵手在街上行走，也被认为是不合适和不可接受的。

　　为了方便跟孩子谈论自我刺激的问题，首先可以帮助孩子给这种行为找个特别的词语。最好的做法是，让孩子自己想想他（她）想怎么称呼这种行为。如果孩子对这种行为已经有了自己的描述用词，可以直接使用孩子的用词。如果孩子没有自己的特别用词也没关系，你可以给孩子提点儿建议，比如"摸摸""抚摩""碰碰"。怎么称呼并不重要，重要的是只要你一提这个词，孩子就明白是在描述哪种行为即可。你要跟孩子解释，他（她）现在已经长大了，需要明白这种行为只能发生在私底下，他（她）需要学会不在别人面前触摸自己的私处。

　　有时候，孩子会无意识地"自动"开始自我刺激。如果是这样的话，孩子学习的第一步就是留心并意识到自己的行为。下一步则是跟孩子达成共识，看看哪些时候在哪些地方做这样的事是可以的（比如一个人躺在床上、盖着被子的时候）。还有一个非常重要的部分，就是跟孩子讨论一下，如果他（她）有时候忘记了，希望大人怎么提醒他（她）？还有，如果孩子感觉难以克制自己的欲望，也可以跟他们达成约定，看看一天里可以预留哪些时间在哪些地方做这样的事。

做作业磨蹭

做作业对大多数的孩子来说都没问题，但对有些孩子来说，却好比是一场艰苦的战斗。如果你的孩子做作业磨蹭，又总是试图逃避做作业，就需要和他好好谈谈，帮助他找到更容易管理家庭作业的方法。

谈话开始时，你要先告诉他，你相信他是愿意更好地完成家庭作业的。你要向他表达你的同情——告诉他，你知道做作业不是一件好玩的事，并不容易。对所有孩子来说，好多事都比完成作业有意思，这很自然。所以不愿意做作业是可以理解的。

然后，把孩子当作"专家"——当作知道如何解决问题的人，问问他们："有什么办法能帮助你更好地管理家庭作业呢？"你的孩子很可能会有一些好点子，知道怎么能帮助自己更好地管理家庭作业。

跟孩子谈谈，看看他是否需要什么帮助，谁可以帮助他完成作业。他愿意你来帮助他吗？如果愿意，他希望你怎么帮助他呢？或者他愿意家里的其他人帮助他吗？怎么帮？祖父母能帮助他吗？朋友或同学能用某种方式提供帮助吗？

跟孩子聊一些实际的问题，比如，最好在什么时间做作业？在哪个房间、哪张桌子上学习更好？用什么姿势做作业——坐着、站着还是蹲着——对他更适合？如果孩子觉得很难在自己的房间写作业，也许可以在家里或家外找到另外一个地方更容易让他完成作业。如果孩子觉得坐着写作业不舒服，是不是站着写作业对他更合适？

有时候，帮助孩子完成家庭作业的最好方法是给他们找一个"家庭作业支持者"——一个家庭之外的人来辅导孩子做家庭作业。可以是一个年纪大一点儿的孩子，想给自己挣一点儿零花钱，愿意辅导你的孩子完成作业。

一些孩子需要学习"在做作业的过程中有规律地休息一下"，从而提高学习效率。比如，将手机里的计时器设置为每 10 分钟休息一次。听到闹铃响时，就可以稍事休息。这时，孩子可以做一点儿让自己开心喜欢的事情。休息一结束，就继续写作业。这种有规律的休息可以提供一种节奏，让孩子更容易专心做作业。

"孩子们更喜欢教别人，而不是自己去学。"看看是否能够利用孩子的这种特质，找到某种方法为孩子提供机会教授他人。你能让孩子教你一些他们写作业时学到的东西吗？或者，其他家庭成员，比如祖父母，愿意变成孩子的"学生"吗？

提示： 如果你的孩子逃避做作业，不要责备他，也不要问他诸如"为什么没有做作业"这类不愉快的问题。相反，把孩子看作是

一个有好点子的专家，相信他知道有什么办法可以帮助他更好地尽职尽责完成家庭作业。可能的方法包括邀请他人的支持，有规律地休息，找到更合适的时间或地点写作业，或为孩子提供机会把学到的东西教给别人。

专注力问题

专注力是一个很宽泛的技能，是若干更具体的"子技能"的集合。就像开车，是由一些特别小的技能组成的一个复杂的大技能。想要学会开车，你需要掌握好多个技能，包括启动发动机、加速、刹车、操纵车辆、换挡、关注路况、看交通信号、掌握交通规则，等等。要想在道路上安全行驶，你需要学习相当多的辅助技能。专注力也是一样。为了学习更专注，你需要掌握很多构成专注力的具体技能，正是它们共同构成了我们所说的"专注"技能。下面列出的这些子技能就是提升专注力所需的一些特别技能。

❶ 坚持完成任务的技能

有能力坚持完成一件事，即使是感到有挑战、想放弃的时候也能坚持完成。

❷ 接受失败的技能

有能力忍受出错和失败，明白没有人总是成功的道理。

❸ 请求帮助的技能

遇到困难需要帮助时，会向身边的朋友或者大人提出请求，说："你可以帮助我吗？"

❹ 接受帮助的技能

在需要帮助的时候，如果有人向你伸出援手，能够心怀感激地接受他人的帮助。

❺ 休息一下的技能

有能力留意到自己的状态，能够感觉到自己有些疲惫，开始失去专注力，该休息了。能让自己停下来，休息一会儿再继续。

❻ 制订计划并按计划行动的技能

有能力为自己制订日常活动计划，并按照计划一步一步地完成。

❼ 为自己的成就感到骄傲的技能

能够为自己完成任务或学会新东西而感到开心。

❽ 不被分心的技能

有能力沉浸在一项活动中，不被身边其他不相干的声音或他人的行为过度干扰。

如果你想帮助孩子提升专注力，可以好好想一想他需要先加强哪一项特别技能。你可以通过每次帮助孩子学习一项技能来逐步提升他的专注力。

提示：关于这一议题，建议重新阅读上一章中有专注力问题的 9 岁汤姆的故事，以及本章中关于多动症问题的阐述。

惩罚

所有的孩子都有做错事或违反规则做违禁事情的时候。比如，他们可能会偷窃、撒谎、破坏公物、霸凌伙伴、有暴力行为、咒骂老师等。当孩子违反规则时，大人通常会觉得自己有责任训斥和惩罚这些孩子，以确保他们知道自己做错了，并且下不为例。

然而，惩罚并不是教给孩子辨别是非的唯一方法。有时候如果惩罚不得当，还会增加而非减少孩子的错误行为。

所幸的是，还有其他方法可以帮助孩子认识并改正自己的错误。我和我的同事共同创建了一种方法，叫作"承担责任六步法"（Steps of Responsibility），教给大人如何通过跟孩子谈论所发生的事，帮助他们从犯错中学习承担责任。

❶ 跟孩子谈谈他们所做的事；

❷ 帮孩子理解这件事错在哪里；

❸ 想想有什么好方式为他们犯下的错误道歉；

❹ 有什么好方法弥补这件事带来的伤害；

❺ 如何确保孩子今后不再犯类似的错误；

❻ 看看是否有可能影响其他孩子，让他们能在类似的情

况下克制自己做错事的冲动。

把孩子违反规则看成是"他们尚缺乏某些技能",而不是把他们视为"品行不端的坏孩子",有助于我们更好地支持孩子培养所需要的技能,使他们将来再遇到类似情况的时候有能力做出正确的选择,从而走回正途,成为有同理心、有社会责任感和有担当的公民。

比如,如果你的孩子生气时有抬手打人的坏习惯,不需要把他想成是"品行不端的坏孩子"。相反,你可以把他看成是缺乏处理愤怒情绪的能力,或者还没有学会在生气的时候避免动手打人。孩子需要学习的技能可能是"用语言表达愤怒的能力","愤怒时意识到自己有动手打人的风险,让自己平静下来的能力",或者"向被你伤害的孩子道歉的能力"。

屏幕时间

家长们经常问，他们如何规定孩子花在手机上的时间。如果家长不给孩子做任何限制，孩子就有可能在手机或电子游戏上一玩就是好几个小时。另外，如果家长试图限制孩子的屏幕时间，到头来可能会惊讶地发现，他们在与孩子争夺手机控制权方面所付出的精力与收到的成效相比是多么令人气馁。屏幕时间是目前全世界最热门的育儿话题之一。

对于不同年龄段的孩子可以允许有多少屏幕时间，我没有特别的高见。但是，我可以提醒家长的是，如果你想让你的孩子停下对他们有着巨大吸引力的活动，要记住下面一些基本原则。

首先，"新事开启易，旧事停止难"。也就是说，让孩子开始做其他的事通常比让孩子停止做自己喜欢的事情来得容易。因此，明智的做法也许是"不要试图减少孩子的屏幕时间，而是尝试增加孩子花在他们更喜欢的活动上的时间"。比如，与其他孩子交往、创造性地玩耍、完成家庭作业、做家务、运动、学习等。如果你希望孩子少花时间玩手机或电子游戏，多花时间做作业，更有效的做法也许是想一想怎么能够让你的孩子学会合理分配时间，花更多的时间在完成作业和学习上，而不是一味地限制或减少他们的屏幕时间。

其次，跟孩子交谈时，要正向地表达你的愿望——告诉他们你希望他们能够分配更多的时间来完成家庭作业，或其他你认为对他们更重要的事情上，并表现出你对他们的理解："我非常理解，你更喜欢玩电子游戏，而不是做作业。但确保你能好好学习并完成作业是我的责任。我不知道怎么才能确保你先完成作业，然后再玩游戏？你有什么建议吗？你需要怎么做？你希望我怎么帮助你？"

最后，你还要跟孩子达成协议，让他们告诉你，如果他们忘记按照约定先做作业时，你可以怎么提醒他们："假设我有时看到你又在玩电子游戏而忘记先写作业，想要提醒你的时候，你希望我怎么提醒你？我想用好一些的方式提醒你，而不是用那种让你感觉不舒服的方式，你觉得我怎么提醒你比较好呢？"

一位有两个孩子的父亲曾经告诉我，在他的家里，屏幕时间从来都不是问题。我问他，他们家是如何解决这个问题的。

他说："我们告诉他们关于时间的使用原则。他们每天既有必须完成的任务，也有自由支配的时间。我们需要确保他们履行职责，完成必须完成的任务，剩下的空闲时间就是他们自由支配的时间，他们可以自行安排。如果他们想把所有的空闲时间都用来玩电子游戏，也是他们自己的事，我们不会干涉。到目前为止，关于屏幕时间我们家都没有任何问题。我发现，即使我们允许孩子在空闲

时间随心所欲地使用电子设备，他们通常也不会把所有时间都花在
游戏类的事情上。"

提示： 阅读上一章中 14 岁西蒙的故事，可以帮助你了解更多
关于用技能教养法应对屏幕时间挑战的做法。

幸福感

什么是幸福感？有一种理解幸福感的方式是把它视为一种能力，即感受幸福的能力。如果是这样的话，那么幸福感可能就是一种很宽泛的技能，包括几个具体的能够促进幸福感的技能，比如有能力体验感恩之情，有能力体验成功的喜悦，以及有能力与他人融洽相处。这些促进幸福感的技能都是孩子们可以学习并变得越来越好的技能。

例如，如果你想帮助孩子更好地体验感激之情，可以在每天晚上睡觉前跟孩子做一个短暂的交谈，让他们告诉你过去的一天里经历的一些让他们感到高兴的事情。如果你想帮助孩子更好地体验成功的喜悦，你可以教他们去关注那些小小的成功事件，并让他们想一想是如何做到的。同样，如果你想让孩子学习冷静的技能，可以教给孩子们各种放松的方法，如瑜伽姿势、呼吸练习或正念技巧。

许多技能都有助于人们体验幸福感，包括帮助他人，照顾动物和植物。你可以通过带孩子做善事，教孩子善举，并与他们谈论善举对自己和他人的影响，促进孩子的幸福感。

以友善的方式与他人打招呼听起来微不足道，但也是一种有助于幸福感的技能。当两个人以友善的方式互相问候时——握手、拥抱、击掌，或者只是对对方所做之事感兴趣——就是在参与一项促进幸福感的活动。你可以与孩子一起练习友善问候的艺术，例如，让他们熟悉其他文化中的问候方式，教他们称赞他人，或者教他们发自内心地对别人的行为感兴趣。

享受植物、小动物和大自然的能力也是一种促进积极心理健康和幸福感的技能。通过教孩子享受在大自然中度过时光、护理植物、照顾动物，以及做一些增强人与大自然天然联结的事情，可以提高孩子体验幸福感的能力。

运动、体育锻炼、健身和其他诸多形式的身体训练都有助于健康和幸福。为孩子提供锻炼和运动的机会，可以提高他们感受幸福的能力。任何形式的锻炼都可以，无论是登山、徒步旅行、球赛、游泳、体操、舞蹈、骑自行车，还是其他什么。教孩子享受一种你自己也喜欢的运动形式是个不错的主意。参加团体运动还有额外的好处，即能够促进孩子发展社交技能。

此外，学习技能也能让人获得快乐和幸福感。无论什么技能，在学习的过程中取得的进步都会让人产生满足感和幸福感。因此，你可以鼓励和支持孩子学习各种技能：外语、烘焙、绘画、唱歌、演奏乐器、编程、表演魔术……人们可以学习的技能清单真的是没有穷尽。

孩子们喜欢各种各样的乐趣：扮小丑、表演、讲笑话、大笑、挠痒痒、变魔术、恶作剧、打扮、枕头大战，等等。大笑是这个世界上最好的药，也是营造幸福生活最有效的元素之一。大笑和娱乐能力是一种技能，有些人似乎是与生俱来的，但它也是一项可以通过练习来提升的技能。想一想我们可以如何鼓励孩子学习和练习这种娱乐艺术。这是一项对一个人的幸福感有着终生积极影响的技能。

乐观是一种促进幸福感的生活态度。有些人似乎生来就是乐观派，但在某种程度上，这也是一种可以培养的技能。你可以用一种有趣的方式教给孩子乐观的思维方式，例如和孩子玩一个有趣的"戴着玫瑰色眼镜看失望"的游戏。游戏是这样的：你们都刻意戴上"玫瑰色的眼镜"，想象一些令人失望的事件。不管发生了什么令人失望的事情（比如错过了公交车，或者打碎了玻璃），你都会试着和孩子一起想一想，这可能会带来什么好处。

上面所述的都是一些促进幸福感技能的例子。但它们并不是我们所能做的全部，而只是为诸位提供了一个灵感来源。还有很多很多促进幸福感的技能，如善良、乐于助人、举止得体、以礼貌的方式表达愿望的能力、化解冲突的能力、道歉的能力……正如你们所看到的，这是一个可以一直列下去的清单。

＊　＊　＊

读到这儿，你可能已经很好地理解了技能教养法的育儿理念。也许，我成功地让你坚定了自己一贯的育儿理念，或者激发了你用新的眼光看待孩子的发展。无论如何，我希望能够成功地唤醒你在自己孩子身上尝试这种方法的愿望。为此，我在本书的结尾提供了一些有用的提示，希望这些提示能帮助你避开践行这些想法时可能会遇到的常见陷阱。

第 **8** 章

谨记在心的几条原则

如果读完这本书，你受到技能教养法的启发，想要迫不及待地把这种方法用到你的育儿实践中，以下几条实用原则可能会对你有所帮助。

1. 建立与孩子的联结

技能教养法的实施是建立在与孩子合作的基础上的。若要有效地运用这种方法，首先需要跟孩子建立联结。有很多方法可以帮助你跟孩子建立联结。例如，选择一个好的谈话时机，然后以某种方式为谈话做好铺垫，或者你可以先称赞他们身上的优秀品质。在与孩子谈论他们所需要学习的技能之前，可以先跟孩子谈谈他们已经掌握的以及正在提升的一些技能。如果你先跟孩子谈论他们已经掌握的各种技能，再建议他们学习一项或几项对他们有益的新技能，他们就更容易接受你的建议。

2. 确保孩子愿意学习这项技能

"我怎么才能让我的孩子同意学习我希望他学习的这项技能呢？"这是我在与家长或教育工作者谈论技能教养法时经常被问到的一个问题。我也经常把这个问题提给那些告诉我他们如何成功地在自己孩子身上使用过这种方法的人。以下是我从他们那里听到的一些回答。

"我们家有两个亲生孩子和一个寄养孩子。我们是这样解决这个问题的：我们家里的每个人，不仅我们的寄养孩子，还有我们自己的两个孩子，以及我和我丈夫，都要选一项需要学习的技能。我觉得，对我们的寄养孩子来说，如果这件事不是她一个人要做的事情，而是我们全家每个人都要做的事情，她就更容易接受学习技能的建议。"

"我知道我女儿不会同意学习我想让她学的技能，所以我先让她选了另外一项她想要学习的技能。当她学会了这项自己选择的技能，我们一起为她的成功举办庆祝会的时候，我才建议她学习我想她学的技能，那会儿她也准备好对我的建议说'好的'。我觉得，如果我一上来就说服她学习这项技能，她肯定是不会答应的。"

"我选了一个很好的时机来谈论要学习技能这回事。那天我们开车一起去看望祖母，我和儿子的心情都很好。在我对他说出我想让他学习技能的这句话之前，我先说了很多他已经学会的一些技能。我觉得要好好地选择时机，这一点很重要。我那天恰到好处地选择了合适的时机，所以我的儿子很愉快地接受了我的提议。"

"我知道如果我告诉女儿我想让她学习某项技能，她是不会去做的。我以前曾尝试过很多次跟她谈论这个问题，但她每次都拒绝了我，所以我决定采取不同的做法。我先是跟她的父亲——我的前夫——提到技能教养法和我想让我们的女儿学习技能的事。幸运的是，他很赞同我的观点，认为这是我们女儿需要培养的一项重要技能。我跟他说，我们的女儿很崇拜他，如果是他跟女儿提出这个建议，女儿更有可能同意学习这项技能。孩子的父亲同意和女儿谈谈，结果就成了。我觉得在我们家这种情况下，最好由她的父亲，而不是我，来跟孩子提出这个建议。"

"工作坊结束后，我回家告诉儿子我学到了什么。我给他看了一些图片，并向他解释了孩子们可以通过学习技能克服各种挑战的理念。然后我问他是否愿意帮助我学习使用这种方法，也就是说，他是否愿意让我在他身上尝试这种方法。他欣然同意了。一旦得到了他的许可，就不难找到一项技能，跟他达成约定，支持他学习这项技能了。"

古语云"牵马饮水，不可使马饮水"，这个道理同样适用于养育孩子。我们不能强迫孩子学习我们想让他们学习的东西，但我们可以想办法提高他们的学习兴趣，就像给马喂一点儿盐，让它感觉很干渴后想去河里喝水一样。

3. 技能不是停止不想要的行为

我经常强调——这里再次强调，当我们在技能教养法里谈论孩子要学习的技能时，要务必确保这项技能是指"学会以某种期望的方式行事，而不是学会停止以某种不希望的方式行事"。也就是说，技能是"学会做什么，而不是不做什么"。例如，如果一个孩子需要学习不含着食物说话，那么他要学习的技能就可以定义为"我要学会嘴巴里没有食物时再讲话"，而不是"我要学会不在满嘴食物的时候说话"。再比如，如果一个孩子需要学会不与其他孩子打架，他要学习的技能不是"我要停止与其他孩子打架"，而可能是"我要学会在与其他孩子发生争执时，把手放在口袋里，然后走开"。换句话说，在谈论技能时，要确保你谈论的是你希望孩子学会做什么事，而不是希望孩子停下，不做什么事。

4. 技能一定是孩子"能做出来"或者"能说出来"的

当家长第一次思考孩子需要学习什么技能的时候，一开始通常都想到很宽泛的孩子无法理解的高水平技能。例如，家长可能会说，他们觉得孩子需要"更有自信""培养更好的自制力""有更好的学习态度"，或"更有同理心"。孩子是很难理解如此抽象和高级的成年人的语言的，因为这些高度概括和抽象的表达并不能让孩子知道，家长到底想让他们学会做什么或说什么。为了让孩子能够掌握技能，我们需要将这些技能具体化，也就是说，这些技能是可以通过角色扮演的方式演出来的，可以展示出来并且能录制下来的。只有当技能足够具体，可以展示出来的时候，孩子才有可能做给你看，不断地练习，并从其他人那里获得对他们的努力和进步的积极反馈。

5. 确保达成提醒的约定

若想技能教养法有效，一定不要忘记跟孩子达成提醒的约定，让孩子告诉你，在他有时忘记技能的时候怎么提醒他。你可以对孩子说："宝贝，要是你有时忘记了你的技能，你希望我们用什么手势、口令或暗号提醒你？"这样做是为了让孩子跟你合作，一起制订一个符合技能教养法理念的支持计划，以应对可能出现的挫败或偶尔的退步。

6. 为挑战做好准备

以技能为导向的方法并不是解决所有儿童挑战的灵丹妙药。将这种方法付诸实践通常既有趣又有收获，但也具有挑战性和艰巨性。孩子最初的兴趣可能会很快消退，新的和意想不到的问题可能会相继出现，与其他成年人的合作可能不像我们希望的那般容易，等等。大多数时候，这些障碍都是可以克服的，但也最好有所准备，如果单靠技能教养法不能解决问题，我们也总是可以找到其他方法和解决方案相结合使用。

第 **9** 章

如何在学校实施技能教养法

到目前为止，我所介绍的一切重点都在向父母讲授如何运用技能教养法支持孩子的发展。毫无疑问，所有教师和其他教育工作者都可以在与学生及其看护人的日常沟通中通过运用这种方法而获益。

一位老师说学习技能教养法改变了她与学生的交谈方式。她说："以前，如果一个学生迟到了，我会问她：'你为什么又迟到了15分钟？'这样的问题从来得不到我想要的结果。现在，我会用不一样的方式开始对话。我问的是：'你能做些什么让明天少迟到一会儿？'这听起来可能很傻，但这样开启对话通常会得到不一样的回应，往往会有一个很好的解决问题的对话。"

与学生合作

让我们一起看看，可以如何使用技能教养法解决如今学生在课堂上一系列愈加常见的破坏性行为问题。学生的破坏性行为表现各异，我在一个线上论坛上发现了一个学生提交的帖子，列出了学生扰乱课堂秩序的各种方式，包括以下行为：

- 大笑

- 咯咯地笑

- 与其他同学交头接耳

- 大喊大叫

- 训斥老师

- 撒野闹事

- 互传纸条

- 拒绝做作业

- 考试作弊

- 总是回应"不知道"或"打我啊"

- 吹口哨

- 唱歌

- 自言自语

- 打鼓点

- 摆弄手机

- 发呆走神儿

- 撕毁重要学习材料

- 坐在椅子上东摇西晃

- 在书桌上乱刻乱画

- 在书本上画画

- 破坏物品

- 说脏话，骂人

- 竖中指

- 故意打断老师讲话

- 未经允许擅自离开教室

- 阅读和发送信息

- 打电话

- 看短视频

面对学生的这些破坏性行为，老师通常的处理方式可以被称为"后果法"。例如，给出严厉警告，把学生请出教室，通知学生的监护人，让捣蛋的学生坐到前排，送他们到校长办公室，或放学后留校。"后果法"看起来很有道理，但老师们都知道，效果并不是很好，而且极有可能对学生的行为产生负面而非正面的影响。

使用技能教养法的老师会以不同的方式对待有破坏性行为的学生。他们会在内心深处认为，这些学生并不是想用这样的方式捣蛋，因为他们不会从这些行为中获得任何好处；如果他们知道如何改变自己的行为，就会愿意做出改变。

如果你是一位愿意用技能教养法处理孩子问题的老师，可以参考以下分步建议。

1. 预留出合适的时间跟学生进行一对一的交谈。

2. 如果你感到很生气，要设法在谈话之前让自己先冷静下来。

3. 谈话时，先从学生的强项谈起，谈谈他们擅长的事以及他们身上拥有的值得骄傲的积极的性格特征。

4. 不要直接告诉学生你为什么找他们谈话，可以让他们猜一猜。如果学生猜对了，要称赞他们的自我觉察能力和上进心。

5.不要问学生为什么要那么做（有破坏性行为）。这种典型的成年人的问题在孩子听起来就像是斥责。学生通常并不知道怎么回答这样的问题，他们甚至不知道自己为什么会这样做，这种"为什么要那么做"的问题只会令人沮丧。

6.不要花时间跟学生讨论他们的捣蛋行为，而是跟他们谈谈你的愿望。告诉他们你希望他们以后在同样的情景下如何表现，例如"你要怎么做才能不在课堂上与其他学生聊天呢""做些什么可以帮助你在上课的时候老老实实地待在自己的座位上"，或"除了在桌上打鼓点，你能做什么其他事"。让学生思考他们可以做哪些更好的事代替破坏性行为。

7.改变行为习惯并不容易。理解学生的行为改变需要其他人的帮助和支持。请学生想一想，除了你以外，还有哪些同学和其他老师可以帮助和支持他，这些支持者可以提供怎样的帮助和支持。也就是说，其他人看到他的进步时如何给予积极的反馈，以及看到他忘记新的行为方式时，如何用友善的方式提醒他。

8.关注学生的进步，即使是微小的进步迹象也要给予积极的反馈。记得感谢其他同学和老师的支持鼓励。如果可能的话，及时将学生的积极变化告知他的家长，给他们一个为孩子感到骄傲的好理由。

运用技能教养法可以让我们与学生的对话变得更有建设性。当对话更多地聚焦于学生需要学习的技能而不是他们的问题时，就可以很自然地跟学生谈论他们有时表现出技能的"例外情形"。比如，假设学生的问题是经常迟到，老师可以说："你这周有两天准时来到了学校。你是怎么做到的？你做了什么让你能够准时来到学校？是有人帮助了你，还是你自己做到的？我相信当我告诉你的父母你已经有进步的时候，他们肯定会很高兴的。"

与家长合作

技能教养法不仅可以帮助教师与学生进行积极沟通，还可以帮助教师与家长进行有成效的沟通。一般来说，当学生在学校遇到问题时，老师的惯常做法就是把孩子在学校的不良表现告知家长，并希望家长能够采取必要的措施纠正孩子的问题。这种看似明智的做法，却往往让家长进入防御状态。

比如，如果老师告诉一位学生的妈妈，她的儿子有态度问题，在学校粗鲁地顶撞老师。这位妈妈可能会感到被批评或指责，本能地进入防御状态开始为孩子的行为辩解，她可能会说：

其他孩子也有这样的问题呀。你为什么总是盯着他一个人？

我觉得你需要多给他一些理解。他有多动症，我们家目前的状况很艰难，肯定对他也有影响，因为我正在跟我的丈夫办离婚。

或者，她会把责任推给别人：

我一直在尽力教他行为要端正，但他爸爸对他的影响太坏了。

我很奇怪他为什么唯独对你这么粗鲁，因为他从来没有对其他老师这么粗鲁讲过话。

技能教养法比传统的"通知家长"的做法更有效，因为它不会让家长进入防御状态。当老师不是简单地向家长报告孩子的问题行为，而是强调孩子可以学习令其受益的技能时，家长会更愿意与老师合作，一起找出有效方法，帮助孩子培养他们所缺乏的技能。

想象着你就是那位妈妈，老师为孩子的问题联系你。但是，现在她用技能教养法跟你谈论孩子的行为问题。那么这位老师也许会说："你的儿子很聪明，也很受小伙伴的欢迎。但我觉得有一项技能对他很重要。不知道你有没有发现他有时候会很粗鲁地跟别人讲话，我觉得要是他能学会用更礼貌或更体贴的方式表达自己的感受和需求，应该对他很有好处。你觉得呢？你是不是也觉得这对他是一项有用的技能呢？"

用技能教养法跟家长谈话，可以避免让家长感到被批评或指责。将谈话的重点从抱怨问题转换到培养技能上，更容易让家长跟老师展开建设性的对话，探讨如何更好地帮助学生提高他们需要学会的技能。

用技能教养法改善班级氛围

技能教养法不仅可以使老师与学生及其家长的日常对话更富有建设性，还可以改善整个班级的氛围。

在几位同事和一线教师的帮助下，我编写了一个以技能学习为导向的班级管理项目，并将其命名为"最棒班集体"（Skillful Class）。这是一个游戏化的项目，旨在帮助学生们在游戏中通过相互支持和帮助发展基本的社交技能。

项目从老师向全班同学提供参加"最棒班集体"挑战赛的机会开始。此时，学生们还不知道这个项目到底要做什么，但是老师告诉他们，如果挑战成功，他们将有机会跟家长一起举行庆祝活动。届时，校长将会为这个班颁发一个了不起的"全球最棒班集体证书"。

一旦学生们对参加"最棒班集体"项目感兴趣，老师会接着向他们解释，他们需要得到校长的同意才能获得参赛资格。所以，他们需要写一封申请书递交给校长。只有得到校长的批准后，老师才能给全班同学详细说明这个项目。

这个"最棒班集体"项目由两个独立阶段构成。第一阶段的目的是让学生们用行动向校长证明，他们理解这个项目的基本原则，并有能力通过相互支持和帮助来提升需要学习的技能。老师向全班同学解释，在第一阶段里他们只要从六项技能中选择一项技能进行集体学习或提升，证明他们的决心和能力就可以获得正式参赛权了。这六项技能包括：

1.我们会自己整理书包，带全学习用具来上学；

2.我们会管理自己的作业；

3.我们会举手发言，得到许可才讲话；

4.我们能在上课铃响后安静地等待上课；

5.我们能专心听老师讲课；

6.我们能自行解决分歧和冲突。

在学生们一致同意选定其中一项技能作为共同提升的目标后，老师就会把全班同学分成一个个"技能小组"，通常是3~4人一组，小组成员的任务是在整个技能学习的过程中相互帮助和支持。每个技能小组都需要商定好相互支持和帮助的具体方式。比如，当他们展现技能时如何相互称赞和鼓励，偶尔忘记技能的时候如何友善地相互提醒。

当全班同学和老师一致认为他们已经掌握了这项技能或者已经取得了足够的进步时，就可以得到校长的批准获得正式参赛资格，进入第二阶段——挑战阶段。此时，老师就要向学生们揭秘该项目第二阶段的具体内容了。

在项目的第二阶段，每个学生都要选择一项技能作为个人提升的目标。为了帮助学生找到清晰具体的技能，该项目定义了 22 项技能，并制作了图文并茂的技能卡片。这些个人技能的定义在技能卡片的背面均有具体详细的描述，包括：

1. 好好吃饭技能——我会好好吃饭；

2. 真诚道歉技能——我会说"对不起"；

3. 帮助他人技能——我会帮助他人；

4. 慷慨赞美技能——我会称赞他人；

5. 鼓励他人技能——我会鼓励他人；

6. 请求帮助技能——我会请求帮助；

7. 享受成就感技能——我会为自己的成就感到骄傲；

8. 有风度地认输技能——我能接受比赛有时会输；

9. 接受失败技能——我能接受自己有时会失败或出错；

10. 敢于说"不"技能——我有勇气在需要的时候说"不"；

11. 活动转换技能——我会从一项活动切换到另外一项活动中；

12. 当众讲话技能——我可以在全班面前讲话；

13. 倾听技能——我能耐心倾听别人讲话，不打断他人；

14. 专注技能——我能专注完成任务；

15. 耐心等待技能——我能耐心等待轮到我的时候；

16. 接受拒绝技能——我可以接受不是总能得到自己想要的东西；

17. 内心强大技能——我会用语言回应他人的嘲讽或讥笑；

18. 请求许可技能——我会善意地请求他人的许可；

19. 感谢技能——我会真心地表达对他人的感谢；

20. 参与技能——我会用合适的方式请求加入他人的活动；

21. 举止得体技能——我会安静地好好走路；

22. 保护弱小技能——看到有人被欺负，我能站出来为他们发声。

老师需要向学生详细解释 22 项个人技能的具体内容，帮助学生理解掌握某一项技能在日常生活中意味着什么。一旦学生熟悉了所有 22 项技能，就可以开始做技能的自我评估，并自行决定选择其中一项技能作为自己的提升目标。在学生做出选择后，老师会指导他们在技能小组里制订学习计划，确定相互支持和帮助的具体做法，以确保小组里的每个人都能学会自己的技能。老师会跟学生们解释说明，这个计划应该包括如何留意他人的进步，如何互相称赞，以及如何在需要的时候相互提醒。老师的任务就是确保项目保持活跃，并定期跟进。

当学生和老师一致认为他们都已经学会了自己的个人技能，或者已经取得了足够的进步时，就可以按照预先计划好的方式举办庆祝活动。通常会邀请家长一起参加这一庆祝活动。在庆祝会上，校长为全班颁发"最棒班集体"证书，老师请学生分享他们是如何掌握或提升技能的，更重要的是，讲述他们是如何在这一过程中成功地相互帮助和支持，表达对小伙伴们的感谢。

芬兰、中国和俄罗斯对进行"最棒班集体"项目的研究成果表明，该项目的实施对课堂气氛、学生协作和教师工作满意度等方面都有积极影响。

从 2019 年起，儿童技能教养法中国推广中心一直持续地带领中国的班主任老师和心理老师在班级实践这种方法，到目前为止已经有几百位老师参加了这一项目，给出了积极的反馈。

＊　＊　＊

当前，全世界的学校都在努力应对各种挑战，包括学生愈加常见的行为问题、学校方面的不作为、监护人的高期待和教师的职业倦怠。用技能教养法取代传统的干预手段，可以帮助学校扭转其螺旋式下降的趋势，并形成以尊重合作、积极乐观和创造性解决问题为特征的校园文化。

到目前为止，你已经了解了技能教养法的基本原理及其应用。也许你已经意识到了，这并不是一种要求你亦步亦趋的应用方法，它更像是一副眼镜，帮助我们看到不一样的世界。当我们戴上这副眼镜看世界的时候，我们看到的不再是有缺陷和问题的人，而是正在遭受困境折磨，但有能力在他人的帮助和支持下通过学习技能来克服困难的人。

技能教养法不向权威低头。它不认可"专家知道父母该如何抚养孩子"的观点，也不认为"当孩子有这个或那个问题时只有专家才知道该做什么"。因为所有的孩子都是不一样的，所有的父母也都是不一样的，专家那些善意的建议可能并不适合你或者你的孩子。

技能教养法不是一种方法，它更像是一个自助工具包。这是一个以团体支持为导向的深受孩子们喜爱的工具汇编，可以帮助你更有效地支持孩子克服挑战，改善你的孩子、你自己和你们整个家庭的生活品质。

内 容 提 要

　　本·富尔曼是芬兰焦点解决大师，他的书籍和方法在全球范围内受到广泛认可，他的著作已被翻译成 25 种语言。本书中的"儿童技能教养法"，将焦点解决巧妙融入亲子教育，通过寓教于乐的方式，帮助孩子应对成长中的各种挑战。这种方法融合了芬兰教育的精髓，整合了焦点解决短期治疗大师的精华成果，经过三十多年的实践和验证，不仅能够显著改善亲子关系和家庭关系，还为家校合作提供了有效的支持。由于其理念易学，家长、老师及处理家庭问题的专业人员都可以轻松掌握和使用。本书是"儿童技能教养法"30 周年的升级版，是富尔曼先生送给家长和养育者的育儿宝典。书中针对养育孩子过程中遇到的各种挑战，提供了一系列实用工具和具体的应对方案，帮助家长和教育者更好地支持这些孩子的成长与发展。

图书在版编目（CIP）数据

　　你的孩子，只需要一个方法 ：克服日常挑战的儿童技能教养法 /（芬）本·富尔曼（Ben Furman）著 ；（芬）李红燕译 . -- 北京 ：中国纺织出版社有限公司，2025. 01. -- ISBN 978-7-5229-2256-0

　　Ⅰ. G782

　　中国国家版本馆CIP数据核字第2024XP8154 号

責任编辑：王 羽　　　責任校对：王花妮
責任印制：王艳丽

中国纺织出版社有限公司出版发行
地址：北京市朝阳区百子湾东里 A407 号楼　邮政编码：100124
销售电话：010—67004422　传真：010—87155801
http://www.c-textilep.com
中国纺织出版社天猫旗舰店
官方微博 http://weibo.com/2119887771
北京华联印刷有限公司印刷　各地新华书店经销
2025 年 01 月第 1 版第 1 次印刷
开本：787×1092　1/32　印张：9.25
字数：160 千字　定价：58.00 元